Tales From Masnavi

قصه های مثنوی

Selection of the Most Common
Stories of Rumi in Prose

Created by:
Dr. Abbas Saeb

Persian - English

Tales From Masnavi

Web: www.persianbell.com

Email: info@persianbell.com

Copyright © 2024

All rights reserved. No part of this publication may be reproduced, stored in a retrieval system, or transmitted in any form or by any means, electronic, mechanical, photocopying, recording, scanning, or otherwise, except as permitted under Section 107 or 108 of the 1976 United States Copyright Ac, without permission of the author.

All inquiries should be addressed to Persian Learning Center.

ISBN: 978-1-63620-918-0

Preface

In Persian literature, there is no poet who can match Jalal al-Din Muhammad Balkhi, known as Rumi, in terms of vast knowledge and thought, intensity of emotion, variety of themes, deep understanding of social issues, insight into the human psyche, recognition of inner human pains, mastery of philosophy and wisdom, and many other aspects. Thanks to his poems and profound thoughts, Rumi has remained alive and immortal in the hearts of poetry and mysticism lovers for more than seven hundred years. Over these seven centuries, Rumi has shone like a radiant sun, illuminating everywhere, and his fame has spread from the East to the West.

Today, Rumi is regarded by many in the West as one of the greatest spiritual teachers in the world. This is why his poems are translated, and books and research articles are written about his personality, thoughts, and works. In the Islamic world, Rumi is as beloved, famous, and unique as William Shakespeare is in the world of English literature. Without a doubt, any Western reader who reads his poems is captivated by the sweetness, depth, and spirituality of Rumi's thoughts. Indeed, Rumi's poems convey mystical, religious, and philosophical ideas in such a charming and enchanting way that they bring excitement, joy, and inspiration to the reader, giving them the opportunity to reflect on life and existence. The Western world's fascination with Rumi, his poetry, mystical thoughts, and existential perspective is because his way of expression is amazingly insightful, logical, full of creativity, and open-minded.

Biography of Rumi

Jalal al-Din Muhammad bin Baha' al-Din Balkhi, known as Rumi and Mawlana, the author of the "Masnavi," is considered one of the greatest mystics and poets of Iran. Rumi was born on the 6th of Rabi' al-Awwal in the year 604 AH (1207 AD) in the city of Balkh. His fame as "Rumi" and "Mawlana of Rum" comes from his long stay in the city of Konya, where he spent most of his life and where he is buried. However, he always considered himself a native of Khorasan and cherished the people of his hometown. Rumi's father, known as Baha' al-Din Walad and titled "Sultan of the Scholars," was a distinguished scholar of his time. It is also said that Baha' al-Din's mother was from the Khwarazmian dynasty.

Since Baha' al-Din Walad was considered a prominent Sufi and held in great esteem by the people, Sultan Muhammad Khwarazmshah, the ruler at the time, felt threatened by his influence. This concern led Baha' al-Din to reluctantly decide to leave his homeland.

It is well-known that after leaving Balkh, Baha' al-Din met Sheikh Farid al-Din Attar in Nishapur. At that time, Jalal al-Din was still a child, but Sheikh Attar gave him a copy of his book "Asrar Nama" and told Baha' Al-Din, "Soon, your son will set fire to the souls of the lovers of the world. " After this, Baha' al-Din, intending to perform the Hajj pilgrimage, traveled to Mecca via Baghdad. He then stayed in Malatya for nine years. Eventually, at the invitation of Sultan Ala al-Din Kayqubad, a ruler with a mystical inclination, he moved to Konya and settled there with his family.

Baha' al-Din passed away in Konya in 628 AH. Jalal al-Din, who was 24 years old at the time, succeeded his father. In 629 AH, Sayyid Burhan al-Din Tirmidhi, one of Baha' al-Din's disciples, came to Konya. Rumi spent several years under his guidance, engaging in ascetic practices and self-discipline. With Burhan al-Din's permission, he then began to guide and support others in their spiritual journey.

In 642 AH, Shams al-Din Tabrizi, a highly esteemed mystic, arrived in Konya. During a meeting with Rumi, a profound and transformative passion ignited in Rumi's heart. As a result, Rumi abandoned teaching, preaching, and guiding others, becoming an ardent devotee of Shams. However, Rumi's followers, who grew hostile towards Shams because of this, began to harass and mistreat him. Troubled by their hostility, Shams left Konya. After a year, in 644 AH, Rumi, through persistent search and insistence, brought Shams back to Konya. Yet again, Rumi's followers, and even his family and relatives, started to speak ill of Shams, calling him a sorcerer and labeling Rumi as mad. Consequently, in 645 AH, Shams disappeared for good, and Rumi was never able to see him again.

Eventually, Rumi fell ill, and despite the efforts of doctors, he did not recover. On the 5th of Jumada al-Awwal in the year 672 AH, he passed away. People of Konya, young and old, including Christians and Jews, attended his funeral. Sheikh Sadr al-Din Qunawi, one of the greatest disciples of Ibn Arabi, led the funeral prayer for Rumi and fainted from the intensity of his grief. Rumi was buried near his father, Sultan al-Ulama, in Konya.

Works of Rumi

Rumi's poetry is divided into two parts: the first is his famous epic, "Masnavi," one of the most renowned books in the Persian language. This book, in its most authentic versions, contains 25,632 verses and is divided into six volumes. Some refer to it as "Sihqal al-Arwah" (The Polisher of Souls). These six volumes follow a consistent style, encompassing a collection of mystical and ethical thoughts interwoven with verses, rulings, parables, and numerous stories. Rumi composed this work at the request of one of his disciples, known as Husam al-Din Chalabi (d. 683 AH). Deeply inspired by Sanai and Attar, Rumi would often compose poems in the same style and meter as their epics during moments of intense inspiration, which Husam al-Din would then transcribe

The second part of his poetry is a vast collection of nearly one hundred thousand verses of ghazals and quatrains. Most of these ghazals end with the name "Shams al-Din Tabrizi," which is why this collection is known as the "Kulliyat-e Shams Tabrizi" or simply "Kulliyat-e Shams. " Occasionally, he also used the pen names "Khamosh" and "Khamosh" in his ghazals.

Other works by Rumi include his collection of letters, "Makatib," and "Majales-e Sab'a," which contains his sermons. Additionally, Rumi's son, Baha al-Din Ahmad, known as Sultan Walad, who succeeded him, compiled his father's spoken words into a book titled "Fihi Ma Fihi. "

Contents

Preface ۴
Biography of Rumi ۵
Works of Rumi ۷
بقال و طوطی ۱۱
The greengrocer and the parrot ۱۱
پیر چنگی ۱۳
The old harpist ۱۴
شیر بی یال و دم ۱۷
Lion without a mane and tail ۱۸
طوطي و بازرگان ۲۰
The parrot and the merchant ۲۲
اعرابی و سبوی آب ۲۵
The Arab and a water jar ۲۷
گرگ و روباه در خدمت شیر ۳۰
The wolf and the fox in the service of the lion ۳۰
نقاشان رومی و چینی ۳۲
Roman and Chinese painters ۳۳
دزدی از مارگیر ۳۵
Theft from snake-catcher ۳۵
کر و عیادت بیمار ۳۶
The Deaf and visiting the sick. ۳۷
عاشق و یار ۳۸
Lover and beloved ۳۸
همراه عیسی علیه السلام ۴۰
Companion of Jesus ۴۰
اندرز کردن صوفی ۴۲
Sufi's advice ۴۴
خر برفت و خر برفت ۴۷
Sufi Traveler ۴۸
عاشق شدن پادشاه بر کنیزك ۵۰
The king and his female slave ۵۳
موش و شتر ۵۸
The mouse and camel ۵۹

8

نزاع چهار نفر بر سر انگور	۶۰
The Dispute Over Grapes	۶۰
فیل در تاریکی	۶۲
The Elephant in the Dark	۶۲
معلم و کودکان	۶۴
Teacher and children	۶۶
پرنده نصیحت‌گو	۶۹
The Preaching Bird	۷۰
مرد گِلْ‌خوار	۷۲
The clay-eater	۷۳
دباغ در بازار عطاران	۷۴
The tanner in the bazzar	۷۵
نحوی و کشتیبان	۷۶
The grammarian and the boatman	۷۷
پوستین کهنه در دربار	۷۸
The Old Coat in the Court	۷۹
لیلی و مجنون	۸۰
Layla and Majnun	۸۰
باغ خدا، دست خدا، چوب خدا	۸۲
Garden of God, Hand of God, Rod of God	۸۳
روز با چراغ گرد شهر	۸۴
Searching for Humanity in the Light of Day	۸۴
پر زیبا دشمن طاووس	۸۶
The Beautiful Enemy of the Peacock	۸۷
گوشت و گربه	۸۸
Meat and the Cat	۸۹
گاو بی اعتماد	۹۰
The distrust cow	۹۱
خواجۀ بخشنده و غلام وفادار	۹۲
The Generous Master and the Loyal Servant	۹۲
عاشق گردو باز	۹۴
The lover and walnuts	۹۴
خیاط دزد	۹۶
The Tailor thief	۹۷
خواب حلوا	۹۹
The Dream of Halva	۱۰۰

گاو و قوچ و شتر	۱۰۲
The Camel, the Cow, and the Ram	۱۰۳
گرفتن خرها	۱۰۴
Arresting donkeys	۱۰۴
صیاد و گیاه	۱۰۵
The bird catcher and grass	۱۰۶
زندگی‌نامه مولوی	۱۰۸
آثار مولوی	۱۰۹
پیشگفتار	۱۱۰

بقال و طوطی

يك فروشنده در دكان خود، يك طوطي سبزرنگ و زيبا داشت. طوطي، مثل آدم‌ها حرف مي‌زد و زبان انسان‌ها را بلد بود. این طوطی نگهبان فروشگاه بود و با مشتري‌ها شوخي مي‌كرد و آنها را مي‌خنداند. و بازار فروشنده را گرم مي‌كرد.

يك روز از یک طرف فروشگاه به طرف دیگر پرید. بالش به شیشه روغن بر خورد کرد. شیشه افتاد و شکست و روغن‌ها ریخت. وقتي فروشنده آمد، دید كه روغن‌ها ریخته و دكان چرب و كثيف شده است. فهميد كه كار طوطي است. چوب برداشت و بر سر طوطي زد. سر طوطي زخمي شد و موهاي سرش ريخت و كچل شد. سرش طاس طاس شد. طوطي ديگر سخن نمي‌گفت و شيرين سخني نمي‌كرد. فروشنده و مشتري‌هايش ناراحت بودند. مرد فروشنده از كار خود پيشمان بود و مي‌گفت كاش دستم مي‌شكست تا طوطي را نمي‌زدم او دعا مي‌كرد تا طوطي دوباره سخن بگويد و بازار او را گرم كند.

روزي فروشنده غمگين كنار دكان نشسته بود. يك مرد كچل طاس از خيابان مي‌گذشت سرش صاف صاف بود مثل پشت كاسة مسي. ناگهان طوطي گفت: اي مرد كچل، چرا شيشة روغن را شكستي و كچل شدي؟ تو با اين كار به انجمن كچل‌ها آمدي و عضو انجمن ما شدي؟ نبايد روغن‌ها را مي‌ريختي. مردم از مقايسة طوطي خنديدند. او فكر مي‌كرد هر كه كچل باشد. روغن ريخته است.

The greengrocer and the parrot

A grocer had a beautiful green parrot in his shop. The parrot could talk like humans and knew human language. It was the guardian of the store, joked with customers, made them laugh, and kept the business lively.

One day, the parrot flew from one side of the store to the other and accidentally hit an oil bottle with its wing. The bottle fell and broke, spilling the oil. When the grocer arrived, he saw the spilled oil and the messy, greasy shop. He realized the parrot was responsible. He grabbed a stick and hit the parrot on the head. The parrot's head was injured, its feathers fell out, and it became bald. The parrot stopped speaking and being charming. The grocer and his customers were upset. The grocer regretted his action and wished he had broken his hand instead of hitting the parrot. He prayed for the parrot to speak again and bring warmth to his business.

One day, the grocer was sitting sadly by his shop when a bald man with a smooth head, like the back of a copper bowl, passed by. Suddenly, the parrot said, "Hey bald man, why did you break the oil bottle and become bald? Did you join the bald men's club by doing this? You shouldn't have spilled the oil. " People laughed at the parrot's comparison. It thought that anyone who was bald must have spilled oil.

پیر چنگی

(داستان پیر چنگی که در عهد عمر از بهر خدا روز بینوایی چنگ زد میان گورستان)

در زمان عُمَر خلیفه دوم، چنگ نواز چیره دستی بود که آواز دلاویز او همانند دَمِ اسرافیل، مُردگان را زندگی و نشاط می بخشید. او عُمری را با این کار سپری کرده بود و از این راه امرار معاش می کرد و رفته رفته پیر می شد و کمرش از بارِ سنگین عُمر خمیده گشت و دستانش می لرزید و توانایی قبلی را نداشت. آواز دلپذیرش به ناخوشی گرایید و دیگر کسی طالب ساز و آواز او نبود بنابراین نمی توانست از راه چنگ زدن امرار معاش کند و خانواده خود را از نظر مالی تامین کند.

پیر مرد چنگی تنها و بیچاره و ناتوان مانده بود همه امیدهایش به ناامیدی بدل گشته بود به هیچ کس و هیچ چیزی امید نداشت. بنابراین دل به امید حق بست. شبی به گورستانی خاموش و فراموش در حومهٔ مدینه رفت و با خود گفت: این بار باید برای خدا زخمه ها را بر رشته ساز به حرکت درآورم و تنها برای او بنوازم، همه عمر برای مردم نواختم یک امشبی را برای خدای خود می نوازم.

او در نواختن زخمه ها غرقه شد و آنقدر چنگ نواخت که رنجه و ناتوان سر بر بالین نهاد و به خوابی ژرف فرو رفت. در این حال حق تعالی اراده فرمود که خلیفه مسلمین یعنی عُمَر نیز به خوابی گران رود. عمرپی بُرد که این خواب غیر معهود که بر او بی هنگام، عارض شده حتما پیامی به همراه دارد. سر بر بالین نهاد و به خواب فرو رفت و در رمیان خواب، سروش غیبی در گوشِ جانِ عُمَر طنین انداخُمَت که هم اینک بر خیز و به گورستان مدینه برو و نیاز یکی از بندگان خاص مرا برآورده ساز. هفتصد دینار از بیت المال برگیر و بدو دِه، که این مقدار دستمزد سازی است که برای خدا به نوا در آورده است.

عُمَر از خواب گران برخاست و راه گورستان در پیش گرفت. وقتی بدانجا رسید، گِرد گورستان می گشت و چشم به هر سو می افکند تا آن بنده مقرب را پیدا کند ولی هر چه جستجو می کرد و بیشتر می گشت کسی را نمی یافت مگر، پیرمرد چنگی که چنگ

زیر سر داشت و به خواب عمیقی فرو رفته بود. با خود گفت: آیا این است بنده مقرب؟ آیا رامشگری پیر، ژولیده و بر خاک خفته همان بنده ای است که در خواب بدو سفارش شده است؟ قانع نشد و باز هم جستجو کرد و بیشتر نگریست ولی هیچکس را نیافت. سرانجام دریافت که این پیر چنگی همان کسی است که در خواب بدو سفارش شده است.

در این حال ناگهان عطسه ای بر عُمَر افتاد و پیر چنگی از صدای آن از خواب پرید و همینکه نگاهش به عُمَر افتاد بیمناک شد. زیرا گمان می کرد که این مُحتَسَب، قصد تنبیه و مجازات او را دارد. عمر در مورد حال و روزش سوال کرد و وقتی پیر مرد داستان زندگیش را تعریف کرد عمر فهمید که این همان کسی است که خداوند سفارشش را کرده است. عُمَر به او آرامش داد و پیغام غیبی را برای او بازگو کرد. و آن کیسه زر را به او تحویل داد. پیر چنگی، سخت به زاری و فغان افتاد و از اینکه عُمری را به خاطر مجالس طرب، ساز زده پشیمان و تائب شد و دریافت که باید چنگ و ساز را برای خدا نواخت و بس.

The old harpist

(The story of the old harpist who in the time of Umar, may God be well-pleased with him, on a daywhen he was starving played the harp for God's sake in the graveyard)

During the time of the second Caliph, Changuy, the skillful player of the harp, possessed a magical melody that, like the trumpet of Israfil, breathed life and joy into the dead. He spent his entire life doing this, earning a living, but as time passed, he grew old. His back bowed under the weight of age, his hands trembled, and he lost his previous abilities. His enchanting melody turned unpleasant, and no one sought his music anymore. Consequently, he couldn't make a living through playing the harp and couldn't financially support his family.

The old harpist found himself alone, helpless, and destitute. All his hopes turned into despair, having no hope in anyone or anything. Therefore, he devoted himself to hope in the divine. One night, he went to a silent and forgotten graveyard in the outskirts of the city and said to himself, "This time, I must play the harp strings for God and play only for Him. I have played my entire life for people; tonight, I play for my God.

"He immersed himself in playing the harp so intensely that he became feeble and weak, lying down on a bed, falling into a deep sleep. In this state, the Almighty willed that the Caliph of the Muslims, Umar, would also have a significant dream. Umar realized that this unusual dream that occurred atanunexpected time must carry a message. He lay down and fell asleep, and in the midst of his dreams, an unseen voice echoed in the soul of Umar, saying, "Rise and go to the graveyard of Medina. Fulfill the needs of one of my special servants. Take seven hundred dinars from the treasury and give it to him. This is the compensation for the music he played for Me.

"Umar rose from his profound sleep and took the path to the graveyard. When he arrived, he searched around the cemetery, casting his eyes in every direction to find that special servant. However, no matter how much he searched, he couldn't find anyone except for the old harpist, who had the harp beneath his head and had fallen into a deep sleep. Umar thought to himself, "Could this be the chosen servant? Is this the old man, the harpist, to whom the order was given in the dream?" Not satisfied, he continued to search, squinting his eyes more, but found no one. Finally, he realized that the old harpist was indeed the one chosen in the dream.

In this state, suddenly, a sneeze escaped Umar, and the harpist, awakened by the sound, looked menacingly at Umar, thinking that the ruler intended to punish him. Umar inquired about his well-being, and when the old man narrated the story of his life, Umar understood that he was the chosen servant of God. omar reassured him and conveyed the divine message. He handed over the bag of gold coins to the harpist. The old man, overwhelmed with remorse for wasting his life on worldly pleasures, repented and realized that he had to play the harp and music only for God. He said to himself: Is this my close servant? Is harper old, disheveled and sleeping on the ground, the same servant who was ordered to run in a dream? He was not satisfied and searched again and looked more but did not find anyone. Finally, he found out that this old man was the one who was ordered to run in his dream.

شیر بی یال و دم

(کبودی زدن قزوینی بر شانگاه، صورت شیر و پشیمان شدن او به سبب زخم سوزن)

در شهر قزوین، مردم رسم داشتند که با سوزن بر روی پشت، بازو و دست خود نقوش می کشیدند، نام می نوشتند یا نقش انسان و حیوان را ترسیم می کردند. به کسانی که در این هنر مهارت داشتند «دالاک» می گفتند. دالاک با سوزن جوهر را زیر پوست فرو می کرد و تصویری دائمی روی بدن ایجاد می کرد.

روزی پهلوانی از قزوین به نزد دالاک رفت و از او خواست که بر دوشش تصویری از شیر بکشد. قهرمان روی زمین دراز کشید و دلاک سوزن را برداشت وشروع به خالکوبی کرد. به محض اینکه سوزن شانه قهرمان را سوراخ کرد، از شدت درد فریاد زد و گفت: اوه! دلاک پاسخ داد: این را خواستی، باید تحمل کنی.

قهرمان پرسید: چه تصویری می کشی؟ دلاک جواب داد: شیر میخواستی. قهرمان پرسید: با کدام قسمت شیر شروع می کنی؟ دلاک گفت: دم شیر. قهرمان گفت طاقت درد را ندارم دم لازم نیست. سپس دلاک دوباره نیش زد و قهرمان فریاد زد: "اکنون کدام قسمت را می کشی؟" دلاک گفت: این گوش شیر است. قهرمان گفت: این شیر به گوش نیازی ندارد، قسمت دیگری را بکش. بار دیگر دلاک کتف قهرمان را نیش زد و پهلوان قزوینی فریاد زد: این کدام قسمت شیر است؟ دلاک گفت: این شکم شیر است. پهلوان گفت این شیر همیشه سیر است نیازی به شکم ندارد.

دلاک عصبانی شد، سوزن را بر زمین انداخت و گفت: «کجای دنیا، کسی شیر بدون سر و دم و شکم را دیده است، خداوند چنین شیری را نیافریده است». (نکته: قزوین شهری تاریخی است که در ۱۵۰ کیلومتری غرب تهران قراردارد).

Lion without a mane and tail

(How the man of Qazwin was tattooing the figure of a lion in blue on his shoulders and repenting because of the needle-pricks).

In the city of Qazvin, people had the custom of drawing designs on their backs, arms, and hands with a needle, writing names, or sketching figures of humans and animals. Those skilled in this art were called "dalaak. " The dalaak would insert ink under the skin with the needle, creating a permanent image on the body.

One day, a champion from Qazvin went to a dalaak and asked him to draw a picture of a lion on his shoulder. The champion lay down on the ground, and the dalaak picked up the needle and began to tattoo. As soon as the needle pierced the champion's shoulder, he screamed in pain and said, "Ouch! You're killing me. " The dalaak replied, "You asked for this, you must endure it. "

The champion asked, "What image are you drawing?" The dalaak answered, "You wanted a lion. " The champion asked, "Which part of the lion are you starting with?" The dalaak said, "The tail of the lion. " The champion said, "I can't bear the pain. The tail is not necessary. " The dalaak then pricked again, and the champion yelled, "Which part are you drawing now?" The dalaak said, "This is the ear of the lion. " The champion said, "This lion doesn't need ears. Draw another part. " Once again, the dalaak pricked the champion's shoulder, and the champion from Qazvin cried out, "Which part of the lion is this?" The dalaak said, "This is the belly of the lion. " The champion said, "This lion is always full. It doesn't need a belly. "

The dalaak became angry, threw the needle on the ground, and said, "Where in the world has anyone seen a lion without a head, tail, and belly? God has never created such a lion. "

(Note: Qazvin is a historic city located 150 kilometers west of Tehran).

طوطی و بازرگان

(قصه ی بازرگان که طوطی محبوس او و را پیغام داد به طوطیان هندوستان هنگام رفتن به تجارت)

تاجری یك طوطي زیبا و شیرین سخن در قفس داشت و از صدای زیبای او لذت می برد. روزي که قصد سفرِ به هندوستان داشت. از هر یك از خدمتکاران و کنیزان خود پرسید که چه هدیه ای برایتان بیاورم. هر کدام از آنها چیزي سفارش دادند.

بازرگان از طوطي پرسید: چه رهآوردی از هند برایت بیاورم؟ طوطي گفت: اگر در هند به طوطیان رسیدي حال و روز مرا براي آنها بگو. بگو که من مشتاق دیدار شما هستم. ولي از بخت بد در قفس گرفتارم. بگو به شما سلام مي‌رساند و از شما کمك و راهنمايي مي‌خواهد. بگو آیا شایسته است من برای دیدن شما اشتیاق داشته باشم و در این قفس تنگ از درد و رنج جدايي و تنهايي بمیرم؟ عهد و وفای دوستان کجاست؟ آیا رواست که من در قفس باشم و شما در باغ و سبزه‌زار به تفرج و شادی مشغول باشید. اي دوستان از این مرغ دردمند و بیچاره یادی کنید. یاد کردن از دوستان براي یاران خوب و زیباست.

مرد بازرگان، پیغام طوطي را شنید و قول داد که آن را به طوطیان هند برساند. زمانی که به هند رسید. چند طوطي را بر روی درختان دید. اسب را نگهداشت و به طوطي‌ها سلام کرد و پیام طوطي خود را گفت. ناگهان یکي از طوطیان بر خود لرزید و از درخت بر روی زمین افتاد و در دم جان سپرد. بازرگان از گفتن پیغام،پشیمان شد و با خود گفت من باعث مرگ این طوطي شدم، حتماً این طوطي با طوطي من دوست و خویشاوند بود. یا اینکه شاید این دو یك روح‌اند در دو بدن. چرا گفتم و این بیچاره را کشتم.

بازرگان تجارت خود را با دردمندي تمام کرد و به شهر خود بازگشت، و براي هر یك از دوستان و خدمتکاران خود یك هدیه آورد. طوطي گفت: هدیه من کو؟ آیا پیام مرا رساندي؟ طوطیان چه گفتند؟ بازرگان گفت: من از اینکه این پیغام را رساندم

سخت پشیمانم. دیگر چیزي نخواهم گفت. چرا من با نادانی چنان کاري کردم. دیگر ندانسته سخن نخواهم گفت. طوطي گفت: چرا پیشمان شدي؟ چه اتفاقي افتاد؟ چرا ناراحتي؟ بازرگان چیزي نمي‌گفت. طوطي اصرار کرد. تاجر گفت: وقتي پیام تو را به طوطیان رساندم، یکي از آنها از درد تو آگاه بود ناگهان لرزید و از درخت افتاد و مرد. من پشیمان شدم که چرا در مورد تو سخن گفتم؟ امّا پشیماني سودي نداشت سخني که از زبان بیرون جست مثل تیري است که از کمان رها شده و برنمي‌گردد.

طوطي چون سخن بازرگان را شنید، لرزید و بر زمین افتاد و مُرد. بازرگان فریاد کشید و کلاهش را بر زمین کوبید، از ناراحتي لباس خود را پاره کرد، گفت: اي پرنده شیرین بیان من، چرا چنین شدي؟ حیف و افسوس پرنده خوش سخن من مُرد. اي زبان تو مایه زیان و بیچارگي من هستي. بازرگان در غم طوطي ناله کرد و با ناامیدی طوطي را از قفس در آورد و بیرون انداخت، ناگهان طوطي به پرواز درآمد و بر شاخ درخت بلندي نشست. بازرگان شگفت زده شد و گفت: اي مرغ زیبا، مرا از رمز این کار آگاه کن. آن طوطيِ هند به تو چه آموخت که چنین مرا بیچاره کرد. طوطي گفت: او به من با عمل خود پند داد و گفت ترا به خاطر شیرین زبانی‌ات در قفس کرده‌اند. باید هیچ شوي تا آزاد شوي. هر کس زیبایي و هنر خود را نمایش دهد. صد حادثة بد در انتظار اوست. دوست و دشمن او را نظر مي‌زنند. دشمنان نسبت به او حسادت می ورزند. طوطي از بالاي درخت به بازرگان پند و اندرز داد و خداحافظي کرد. بازرگان گفت: برو! خدا نگه دار تو باشد. تو راه رسیدن به حقیقت به من هم نشان دادي من هم به راه تو مي‌روم. جان من از طوطي کمتر نیست. براي رهایي جان باید همه تعلقات را ترک کرد تا به آزادی حقیقی دست یافت.

The parrot and the merchant

(The story of the merchant to whom the parrot gave a message for the parrots of India on the occasion of his going to trade).

A merchant had a beautiful and sweet-talking parrot in a cage and he enjoyed its beautiful voice. One day when he was planning to travel to India, he asked each of his servants and maidservants what gift i to bring you, each of them orderd something. The merchant asked the parrot: "What should I bring you from India?" parrot said: "If you meet parrot in India, tell them how I am. " Say that I am longing to see you, but I am trapped in a cage due to bad luck. Say that he greets you and asks for your help and guidance. I will die suffering from separation and loneliness? Where is the promise and loyalty of friends? Is it right for me to be in a cage and you to be busy in the garden and lawn?Friends, remember this poor and painful chicken. Remembering friends is good and beautiful for friends.

The merchant heard the parrot's message and promised to deliver it to the parrots of India. When he arrived in India, He saw parrots on the trees. He greeted them and said his parrot's message: Suddenly one of the parrots trembled and fell from the tree to the ground and died. The merchant regretted saying the message and said to himself: I caused the death of this parrot; this parrot must have been my friend and relative. Or maybe these two are one soul in two bodies. Why did I say that and kill this poor thing?

The merchant painstakingly finished his business and returned to his city, bringing a gift for each of his friends and servants. The parrot said: Where is my gift? Did you get my message? What did the parrots say? The merchant said: I deeply regret that I sent this message. I will not say anything else. Why did I do such a thing with ignorance, I will not speak again without knowing. Parrot said: Why did you miss us? what happend? Why are you sad? The merchant did not say anything. The parrot insisted. The merchant said: When I conveyed your message to the parrots, one of them, who was aware of your pain, suddenly trembled and fell from the tree and died. I regret why I spoke about you? But regret was useless. A word that comes out of the mouth is like an arrow that is released from the bow and does not return.

When the parrot heard the words of the merchant, it trembled and fell to the ground and died. The merchant shouted and knocked his hat on the ground, and tore his clothes in frustration. , said: O sweet bird , why did you become like this? It's a pity and alas, my well-spoken bird died. O tongue, you are the cause of my loss and misery. . . The merchant lamented the parrot in grief, and in despair he took the parrot out of the cage and. threw it out. Suddenly, the parrot flew and sat on the branch of a tall tree. The merchant was surprised and said: "O beautiful bird, tell me about this secret. " Let me know. What did that Indian parrot teach you that made me so miserable? The parrot said: He gave me advice with his actions and said that They put you in a cage with your sweet tongue. You must become nothing in order to be free. (8) Whoever shows his beauty and art. A hundred bad incidents await him. Enemies are jealous of him. A parrot warned the merchant from the top of the tree, and He said goodbye. The merchant said: "Go! May God protect you. You have shown me the way to reach the truth, and I will follow your way. My life is no less than a parrot. In order to free my life , In order to free our life, we must leave all ties until True freedom was achieve.

اعرابی و سبوی آب

(قصه ی اعرابی درویش و ماجرای زن با او به سبب قلت و درویشی)

در روزگاران قدیم، خلیفه ای بود بسیار بخشنده و دادگر، بدین معنی که نه تنها بر قبیله خود بخشش و جوانمردی می کرد، بلکه همه اقوام و قبائل را مشمول دلجویی و دادِ خود می ساخت.

زن اعرابی از تنگیِ معاش و تهیدستی و بینوایی، شروع به شکایت کرد و فقر و نداری شویِ خود را با بازتابی تند و جان گزا بازگو کرد. و از سرِ ملامت و نکوهش، بدو گفت: از صفات ویژه عربان، جنگ و غارت است. ولی تو، ای شویِ بی برگ ونوا، چنان در چنبر فقر و فاقه اسیری که رعایت این رسم و سنت دیرین عرب نیز نتوانی کردن. در نتیجه، مال و مُکنتی نداری تا هرگاه مهمانی نزد ما آید از او پذیرایی کنیم. و حال آنکه از سنت کهن اعرابیان است که مهمان را بس عزیز و گرامی دارند. وانگهی اگر مهمانی هم برای ما رسد. ناگزیریم که شبانه بر رخت و جامه او نیز دست یغما و دزدی گشائیم تا باشد که با بهای آن سدّ جوعی نماییم.

مرد اعرابی در پاسخ زن به گذشت روزگار و ناپایداری احوال از خوشی و ناخوشی و سختی و شادخواری تمسّک می جوید و می گوید: دلیلِ دیگر، احوال جانوران است که غم روزی نمی خورند و طعامی نمی اندوزند و هرگز گرسنه نمی زیند و گویی از سبب، گسیخته و در مُسَبب آویخته اند. و این حالتی است که آن را توکل گویند.

زن اعرابی وقتی جوابِ شویِ خود را می شنود. اخگر اعتراضش پر لهیب تر می گردد و ادعای مرد را در قناعت رد می کند و او را سخت مورد نکوهش قرار می دهد. مرد اعرابی از فضیلت فقر سخن می گوید و آن را بر توانگری ترجیح می دهد. این گفتگوها ادامه می یابد تا آنکه مرد، زن را تهدید می کند که اگر دست از اینگونه سخنان درشت و ناهموار نشوید، عاقبتِ کار جدایی و ترک خان و مان خواهد بود. زن که مرد را تُند و آتشین می بیند از درِ نرمی و مدارا درمی آید و سِلاح بُرنده عاطفه را به کار می گیرد و

سیلاب اشک ازچشم فرو می بارد. و این همان سِلاحی است که معمولا زنان بدان توسّل می جویند و مرد را مغلوب خواست خود می کنند و به مراد خویش می رسند.

مرد اعرابی در برابر گریه و لابهٔ زن، تسلیم می شود و از گفته های خود پشیمان می گردد و انگشت ندامت به دندان می گَزَد و از زن تقاضای عفو و گذشت می کند و می گوید که اینک از مخالفت گذشته ام و هرچه بگویی فرمان می برم. زن، مرد را به سوی خلیفه و عرضِ حاجت بر وی راهنمایی می کند. مرد می گوید بی بهانه و عذری نمی توان به بارگاه خلیفه راه یافت. زن می گوید: که تحفه بیابانیان، آبِ باران است و در نزد ما بیابانیان، چیزی خوشتر و گرانبهاتر از آب نیست. از آب باران کوزه ای برگیر و نزد خلیفه شتاب. در حالیکه آن دو نمی دانستند که رود عظیم و خروشان دجله از میان بغداد می گذرد و آب در آن دیار فراوان است. سرانجام مرد و زن عرب برآن شدند تا سبوی آب را در نمدی پیچند. تا آب گرم نشود. چنانکه عادت بیابانیان و ده نشینان همین است. مرد سبو را بر دوش می کشد و راههای پر پیچ و خم بیابانها را در می نوردد و زن نیز دست به دعا می گشاید تا شویش، آن سبو را بی گزند و زیانی به سرای خلیفه رساند. مباد که خاطرشان نژند و احوالشان پریشان گردد.

اعرابی به سرای خلافت می رسد و نقیبان و حاجبان، پیش او باز می روند و از سیمای رنجور و خسته او، نیازش را در می یابند. اعرابی سبوی آب را به نقیبان می سپرد و آنها با خوشرویی آن تحفه را می پذیرند و نزد خلیفه می برند. او بر احوال آن عرب بیابانی واقف شد و فرمود تا کوزه اش را از زر و سیم پُر کنند و از فقر و نیاز رهایی اش دهند و آنگاه فرمان داد تا آن مرد را به وسیله کشتی از طریق رود دجله به وطنش باز گردانند. آن مرد بیابانی وقتی عظمت رودِ دجله را دید بر کرم و احسان خلیفه بیشتر واقف شد که با وجود این همه آب صاف و گوارا، آب ناصاف و دُردآلود بیابان را از او با رویی گشاده پذیرفته است.

The Arab and a water jar

(Story of the poor Arab of the desert and his wife's altercation with him because of penury and poverty)

In ancient times, there was a very benevolent and just caliph who not only showed generosity and valor to his people but extended his benevolence and justice to all tribes and communities.

An Arab woman, facing financial hardship and destitution, began to complain about her poverty and lament her miserable situation in a poignant and soul-stirring manner in remorse and reproach, she spoke sharply: "Among the distinctive traits of the Arabs is warfare and plunder. But you, oh wretched and destitute one, are so ensnared in the web of poverty and scarcity that you cannot uphold this ancient Arab tradition. Consequently, you lack the means and wealth to entertain guests when they visit us. Now, it is a longstanding Arab tradition to hold guests in high esteem. Otherwise, if a guest arrives at our doorstep, we are compelled to resort to theft and robbery. to provide for his needs, we are forced to rob and steal his clothes at night so that we can stop the famine with that price In the woman's response.

The Arab man clings to the passage of time and the instability of the situation, from happiness and unhappiness, difficulty and happiness, and saysAnother reason is the condition of animals, they don't store food and they never go hungry, and they leave the work to God. and this is a state called trust.

Arab woman when she hears the answer to her question. The embers of his protest become hotter, and he rejects the man's claim in contentment and criticizes him harshly. until the man threatens the woman if you don't stop using such coarse and rough words. The result of work will be separation and leaving home and family. A woman who sees a hot and fiery man is no longer arrogant and speaks softly and cries. The Arab man surrenders to the woman's crying and regrets his words and asks for forgiveness from the woman and says that now I am over the opposition, and I will obey whatever you say. The woman guides the man towards the caliph and expresses his need for him. The man says that one cannot enter the Caliph's court without an excuse. The woman says: The gift of the desert people is rainwater, and for us desert people, there is nothing more beautiful and precious than water. Take a jar of rainwater and hurry to the Caliph. While the two of them did not know that the huge and roaring river called Tigris passes through Baghdad and there is plenty of water in that country. Finally, the Arab man and woman decided To wrap water in felt. so that the water is not heated. As it is the habit of desert dwellers and ten dwellers. The man carries the jar on his shoulders and travels the winding roads of the desert. And the woman also prays so that the jar can be washed and brought to the Caliph's palace without damage.

An Arab arrives at the Caliph's palace and the guards go to him and see He is suffering and tired, they understand that he is in need. The Arab hands the water jug to the guards and they accept the gift with good humor and take it to the caliph. He came to know about the condition of that desert Arab and ordered to fill his jar with gold and wire and free him from poverty and need, and then he ordered to return that man to his homeland by boat through the Tigris River. When that desert man saw the greatness of the Tigris river, he became more aware of the generosity and kindness of the Khalifa, who happily accepted the rough and dark water of the desert from him despite all the smooth and pleasant water.

گرگ و روباه در خدمت شیر

شیری به همراه گرگ و روباهی به شکار رفتند. و بعد از جستجو و تلاش توانستند یک گاو وحشی و یک بزِ کوهی و یک خرگوش را شکار کنند. بعد از شکار، شیر به گرگ دستور داد تا حیوانات صید شده را میان خود تقسیم کند. گرگ گفت: گاوِ وحشی سهمِ شیر، که از همه بزرگتر است. بزِ کوهی سهمِ خودم و خرگوش هم سهمِ روباه، که که از همه ضعیف تر و کوچک تر است.

شیر ناگهان برآشفت. زیرا دید گرگ در محضرِ شاهانه او، حرف از «من» و «تو» و «قسمت من» و قسمت تو و او» می زند. در حالیکه این صیدها فقط با حضور نیرومند شیر حاصل شده است. از اینرو برای مجازات گرگ، پنجه ای قوی بر او زد و در دَم هلاکش نمود. سپس رو به روباه کرد و گفت: صیدها را تو تقسیم کن. روباه که سرنوشت ناگوار گرگ را دیده بود. دچار ترس شد و گفت: تقسیم در اینجا معنی ندارد. همه این صیدها به حضرت سلطان، تعلّق دارد و ما را در آن بهره ای و سهمی نیست. این گاوِ تنومند، صبحانه حضرت سلطان است و آن بز، سهمِ ناهار و آن خرگوش، سهمِ شامِ او.

شیر وقتی که دید روباه مانند گرگ از «من» و «تو» حرفی نزد و اظهار وجود ننمود و بزرگی او را دریافت خوشحال شد و صیدها را بدو بخشید و گفت: تو دیگر روباه نیستی، بلکه خودِ منی.

The wolf and the fox in the service of the lion

(How the wolf and fox went to hunt in attendance on the lion)

A lion, along with a wolf and a fox, went hunting. They managed to catch a wild ox, a mountain goat, and a rabbit after a lot of searching and effort. After the hunt, the lion asked the wolf to divide the catch among them. The wolf said, "The wild ox, being the largest, should be the lion's share. The mountain goat for me, and the rabbit for the fox, who is the weakest and smallest. "

Suddenly, the lion became angry because he saw the wolf speaking of 'me' and 'you' and 'my share' and 'your share' in his royal presence, forgetting that the hunt's success was due to the lion's strength alone. To punish the wolf, the lion struck him powerfully and killed him instantly. Then the lion turned to the fox and said, "You divide the prey. " The fox, having seen the wolf's grim fate, was scared and said, "Division has no meaning here. All of this belongs to Your Majesty, and we have no share in it. This strong ox is Your Majesty's breakfast, the goat is for lunch, and the rabbit is for your dinner. "

When the lion saw that the fox did not talk of 'me' and 'you' and acknowledged his greatness, he was pleased and gave all the prey to the fox, saying, "You are no longer just a fox; you are part of me.

نقاشان رومی و چینی

(قصه ی مری کردن رومیان و چینیان در علم نقاشی و صورتگری)

نقاشان چین و روم بر سرِ مهارت و چیرگی خود در هنر نقاشی، با یکدیگر بحث و گفتگو می کردند. هر یک از آن دو گروه، مهارت و استادی خود را می ستود تا این که بحث شدت یافت. پادشاه آن دوران خواست که به این بحث و اختلاف ها پایان دهد و هنر آنان را در عمل آزمایش کند.

نقاشان چینی از شاه، اتاق خواستند که هنر خود را در آن در معرض دید قرار دهند. شاه اتاق به چینیان و اتاق دیگر که روبروی اتاق چینیان بود نیز به رومیان داد تا مهارت و استادی خود را نشان دهند. نقاشان چینی امکانات زیادی از رنگ و ابزار نقاشی از پادشاه خواستند، شاه همه امکانات لازم را برای نقاشان چینی فراهم آورد. ولی رومی ها هیچ چیز از شاه نگرفتند بلکه درهای اتاق را بستند و فقط به صیقل زدن در و دیوار اتاق پرداختند. چینی ها همه گونه رنگ را با استادی تمام به کار گرفتند و ترکیبات زیبا و دلنشینی از آن ساختند و بر دیوار اتاق نقش کردند. وقتی از کارِ خود فارغ شدند از شادی و شور، طبل میزدند تا همه را به این وسیله خبر کنند.

شاه به تماشای کارِ نقاشان چینی رفت و از دیدن آن نقش های دلفریب و زیبا بسیار خرسند و شادمان شد. سپس به سویِ کارگاه رومیان رفت. همینکه بدانحا رسید، رومیان پرده ها ی میان دو اتاق را پس زدند و ناگهان پادشاه، صحنه عجیب وحیرت انگیزی دید. همه نقش ها و تصاویر رنگین و زیبای چینیان بر دیوار اتاقهای رومیان به گونه ای شکوهمندوافسانه ای منعکس شده بود. شاه از دیدن این صحنه شگفت زده شد وشوری خاص پیدا کرد و دید که معرفتِ رومیان سبب شده که کاری خلاق تر و بدیع تر به وجود آید. پس مجذوبِ کارِ رومیان شد و نقاشی آنها را عالی دانست.

Roman and Chinese painters

(The story of the contention between the Rumi's and the Chinese in the art of painting and picturing)

The painters of China and Rome used to discuss with each other about their skill and excellence in the art of painting. Each of those two groups praises their skill and mastery until the discussion became intense. The king of that era wanted to put an end to these arguments and disputes and test their art in practice.

Chinese painters asked the king for a room to display their art. The king gave a room to the Chines and a room to the Romans to show their skills and mastery. The Chinese painters asked the king for a lot of paint and painting tools. The king provided all the necessary facilities for the Chinese painters. But the Romans didn't take anything from the king, instead they closed the doors of the room and only polished the door and the wall of the room. The Chinese used all kinds of colors with full mastery and made beautiful and pleasant combinations out of them and carved them on the wall of the room. When they finished their work, they would beat the drum with joy and passion to inform everyone by this means.

The king went to see the work of Chinese painters and was very pleased and happy to see those charming and beautiful paintings. Then he went to the Roman workshop. As soon as it arrived. The Romans pulled back the curtains and suddenly the king saw a strange and amazing scene. All the colorful and beautiful pictures of the Chinese were reflected on the walls of the Roman rooms in a glorious and legendary way. The king was surprised to see this scene and found a special feeling and saw that the knowledge of the Romans caused a more creative and original work to be created. So, he was fascinated by the work of the Romans and considered their painting excellent.

دزدی از مارگیر

دزدی از مارگیری، ماری را دزدید و آن را از روی نادانی ثروتی گرانبها دانست. آن مارِ زهرآگین او را نیش زد و او را هلاک کرد. مارگیر، وقتی که جسد آن دزد را دید او را شناخت و گفت: شگفتا، مارِ دزدیده شدۀ من بود که او را به دیار نیستی فرستاد و من از این بلای بزرگ رها شدم. در حالیکه وقتی او مار را از من می دزدید، ناراحت و غمگین شدم، و دست به دعا برداشتم که خدایا مار را به من باز گردان. اینک خدا را شکر می کنم که این دعایم را اجابت نفرمود. من گُمان می کردم که به اجابت نرسیدن دعایم زیانبار است ولی اینک می بینم که یکسره سود و نفع بوده است.

۞

Theft from snake-catcher

A petty thief stole a snake from a snake-catcher, mistakenly thinking he had found a treasure. The snake-catcher managed to avoid being bitten, but the thief was fatally bitten by the snake. When the snake-catcher came upon him, he recognized the thief and said, "My snake has taken his life. I had prayed to find him and retrieve the snake. Thankfully, my prayer was not answered: I believed I had suffered a loss, but it actually proved to be a benefit. " Many prayers are actually for loss and ruin, and out of kindness, the Holy God does not grant them.

کر و عیادت بیمار

(به عیادت رفتن کر بر همسایه‌ی رنجور خویش)

مرد کری بود که می‌خواست به عیادت همسایه مریضش برود. با خود گفت: من کر هستم. چگونه حرف بیمار را بشنوم و با او سخن بگویم؟ او مریض است و صدایش ضعیف هم هست. وقتی ببینم لبهایش تکان می‌خورد. می‌فهمم که مثل خود من احوالپرسی می‌کند.

کر در ذهن خود، یک گفتگو آماده کرد. اینگونه: من می‌گویم: حالت چطور است؟ او خواهد گفت(مثلاً): خوبم شکر خدا بهترم. من می‌گویم: خدا را شکر چه خورده‌ای؟ او خواهد گفت(مثلاً): شوربا، یا سوپ یا دارو. من می‌گویم: نوش جان باشد. پزشک تو کیست؟ او خواهد گفت: فلان حکیم. من می‌گویم: قدم او مبارک است. همه بیماران را درمان می‌کند. ما او را می‌شناسیم. طبیب توانایی است.

کر پس از اینکه این پرسش و پاسخ را در ذهن خود آماده کرد. به عیادت همسایه رفت. و کنار بستر مریض نشست. پرسید: حالت چطور است؟ بیمار گفت: از درد می‌میرم. کر گفت: خدا را شکر. مریض بسیار بدحال شد. گفت: این مرد دشمن من است. کر گفت: چه می‌خوری؟ بیمار گفت: زهر کشنده، کر گفت: نوش جان باد. بیمار عصبانی شد. کر پرسید پزشکت کیست. بیمار گفت: عزراییل. کر گفت: قدم او مبارک است. حال بیمار خراب شد، کر از خانه همسایه بیرون آمد و خوشحال بود که عیادت خوبی از مریض به عمل آورده است. بیمار ناله می‌کرد که این همسایه، دشمن جان من است و دوستی آنها پایان یافت.

The Deaf and visiting the sick.

(How the deaf man went to visit his sick neighbor).

It was a deaf man who wanted to visit his sick neighbor. He said to himself: I am deaf. How can I listen to the patient and talk to him? He is sick and his voice is weak. When I see his lips moving. I understand that he greets like me.

Deaf had a conversation in his mind. Like this: I say: How are you? He will say (for example): I am fine, thank God, I am better. I say: Thank God, what did you eat? He will say (for example): broth, or soup, or medicine. I say: Let it be a drink. Who is your doctor He will say: So-and-so sage. I say: His step is blessed. He treats all patients. We know him. is a doctor.

After Kerr prepared this question and answer in his mind. He went to visit his neighbor. And sat next to the sick bed. He asked: How are you? The patient said: I am dying of pain. Kerr said: Thank God. The patient became very sick. He said this man is my enemy. deaf said: What are you eating? The patient said: "Deadly poison", the deaf said: "Drink to life. " got sick Who is your doctor? The patient said: Azrael. Deaf said: His step is blessed. The patient's condition worsened, deaf came out of the neighbor's house and was happy that he had visited the patient well. The patient complained that this neighbor is the enemy of my life and their friendship ended.

عاشق و یار

(قصه ی آن کس که در یاری بکوفت از درون گفت کیست گفت منم، گفت چون تو تویی در نمی گشایم هیچ کس را از یاران نمی شناسم که او من باشد).

عاشقی به خانه معشوق رسید و درِ خانه معشوق خود را با گستاخی و محکم زد. معشوق از درون خانه پرسید: کیستی؟ عاشق با افتخار گفت منم. معشوق گفت: بازگرد. زیرا هنوز تو خام و بی تجربه هستی و هنوز از من سخن می گویی و اهل ادعا هستی، عاشق واقعی نیستی.

آن شخص بازگشت و یکسال در فراق یا، شهر و دیار خود را رها کرد و رفت. پس از یکسال به درِ خانه معشوق آمد و در زد. معشوق از درون خانه پرسید: کیستی؟ گفت: آن کسی که اکنون پشتِ در ایستاده نیز تو هستی و کسی غیر از تو را نمی بینم. معشوق گفت: اکنون که تو، «من» هستی درون خانه بیا، آیا می دانی چرا سال قبل تو را به درون خانه راه ندادم؟ برای اینکه دو «من» در یک خانه نگنجد و اکنون که خود من هستی وارد شو.

Lover and beloved

(The story of the person who knocked at a friend's door: his friend from within asked who he was: he said, "It is I," and the friend answered, "Since you are you, I will not open theI know not any friend that is ' I. "')

A lover arrived at his beloved's house and knocked on the door of his beloved's house with arrogance and force. The lover asked from inside the house: Who are you? The lover proudly said, "I am. " Beloved said: Come back. Because you are still raw and inexperienced and you still talk about me and you are a claimant, you are not a real lover.

That person returned and left his beloved, his city and country for a year`. After a year, he came to the door of his lover's house and knocked. The lover asked from inside the house: Who are you? He said: You are the one who is standing behind the door now, and I don't see anyone else but you. Beloved said: Now that you are "me", come inside the house, do you know why I didn't let you inside the house last year? So that two "me" don't fit in one house and enter now that you are me.

همراه عیسی علیه السلام

التماس کردن همراه عیسی علیه السلام زنده کردن استخوانها را از او

شخصی ـ نادان با حضرت عیسی ـ (ع) همراه شد و با اصرار تمام از او خواست که اسم اعظم را به او یاد دهد تا او نیز مردگان را زنده کند. حضرت عیسی ـ (ع) به او گفت: در این باره خموش باش و چیزی طلب مکن که این کار از تو بر نمی آید. شخص نادان گفت: حال که چنین است. پس تو آن نام را بر این مردگان بخوان تا زنده شوند. وقتی که حضرت عیسی (ع) سماجت او را دید روی به بارگاه الهی کرد و گفت: خداوندا، این دیگر چه رازی است. این نادان غمِ مردگی و پژمردگی روح خود را نمی خورد و در باره بیماری باطنی خود اندیشه نمی کند. در حالیکه اصرار می کند که، دیگر مردگان را زنده کنم.

سرانجام حضرت عیسی (ع) به امر حق دعایی می خواند، استخوان ها جان می گیرند، ناگهان شیری سیاه و خشمگین از آن میان می جهد و آن نادان را از هم می درد.

Companion of Jesus

How the companion of Jesus, on whom be peace, entreated Jesus, on whom be peace, to give life to the bones

A simple man joined Prophet Jesus (PBUH) and insisted that Jesus teach him the Greatest (Divine) name could also revive the dead. Jesus said to him, 'Be silent about this matter and do not seek what you cannot handle. ' The foolish man replied, 'If that is the case, then you call that name upon these dead so that they may come to life. ' Seeing his persistence, Jesus turned to the divine court and said, 'My Lord, what is this mystery? This fool does not feel the grief of his own spirit's decay and necrosis, nor does he contemplate his inner sickness, yet he insists that I revive the dead.

Finally, by the command of God, Jesus prayed, and the bones came to life. Suddenly, a black and furious lion leaped out from among them and tore the foolish man apart."

اندرز کردن صوفی

اندرز کردن صوفی، خادم را در مراقبت از چارپا و لا حول گفتن خادم

یکی از صوفیان، ضمن سفری طولانی و پُر از رنج و سختی به خانقاهی می رسد و در آنجا ساکن می شود. ابتدا چهارپای خود را در آخور می بندد و سپس به حلقه ذکرِ صوفیان می پیوندد. پس از پایان مجلسِ ذکر، خوان طعام می گسترند. چنانکه عادت صوفیان چنین است.

در این هنگام، صوفی مسافر به یاد مرکوبش می افتد و خادم را صدا می کند و به او می گوید: برو و برای آن حیوان زبان بسته، کاه و جو فراهم کن تا شب را گرسنه سر نکند. خادم که از این سفارش ناراحت می شود می گوید: لاحَولَ وَلا قوةَالاّ بِالله، این دیگر چه سفارشی است؟ من در این کار سابقه ای بس طولانی دارم و می دانم چه کنم. صوفی به خادم می گوید: ای خادم، چهارپای من سالخورده و فرتوت شده و دندانهایش نیز کُند و سست است از اینرو جورا خیس کن تا بتواند خوب بجود. خادم جواب می دهد: لاحَولَ وَ ... تو به من یاد می دهی؟ در حالیکه همۀ چارواداران، شیوه تیمار ستوران را از من یاد می گیرند.

صوفی می گوید: چهارپای من راهی بس طولانی را طی کرده و بر اثر سایش پالان، پشتش زخم شده، لطفاً روی زخم هایش مرهم بگذار. خادم می گوید: لاحَولَ وَ ... این فلسفه بافی ها را رها کن. برای ما تا کنون دهها هزار مهمان آمده و همگی خرسند و راضی اینجا را ترک کرده اند. صوفی می گوید: به آن حیوان زبان بسته آب هم بده ولی مواظب باش که آبش نیمگرم و ولرم باشد، زیرا آبِ سرد با مزاجش سازگار نیست، خادم می گوید: لاحَولَ وَ...حرفهای ابتدایی و بدیهی تو، مرا شرمنده می کند. صوفی می گوید: مواظب باش، کاه کمتر قاطیِ جو کنی. خادم می گوید: لاحَولَ وَ ... آقای من، این حرفهای زیادی را دیگر نزن، چون من همۀ اینهایی را که می گویی می دانم. صوفی می گوید: جای حیوان را از سنگ و کثافت پاک کن. اگر هم زیرش خیس است، کمی خاکِ خشک بریز تا رنجور نشود، خادم می گوید: لاحَولَ وَ ... پدرِ من اینقدر پُرگویی نکن. صوفی می گوید: شانه ای بردار و پشتِ حیوان را قَشو بزن.

خادم می گوید: لاحَولَ وَ ... جانم، عزیزم، اندکی شرم کن. گفتم که من همهٔ اینها را بَلَدم.

خادم با چهره ای مصمم از جای خود برمی خیزد و به صوفی می گوید: می روم که کاه و جو را فراهم کنم. او بیرون می رود و جمعی از بیکاران و ولگردان را می بیند و با آنان به صحبت می پردازد و قول و قرارهایش را فراموش می کند و صوفی از فرطِ خستگی به خوابی سنگین فرو می رود و خواب های پریشان و کابوس های هولناک بر او غالب می شود. مثلا می بیند که خرش در چنگالِ گرگی هار گرفتار شده، و آن گرگ بی امان بر او حمله می کند. صوفی، آسیمه سر از خواب می جهد و با خود می گوید: لاحَولَ وَلا قوةَالاّ بِالله. نکند مغزم پریشان شده که این خیالات واهی به سراغم آمده؟ باز می بیند که خرش به هنگام راه رفتن، تلو تلو می خورد و گه گاه به چاله و گودالی می افتد. البته این خیالات با واقع بی ارتباط هم نبود، زیرا در همان وقت، چهارپای او از شدّت ضعف و گرسنگی در میان خاک و سنگ دست و پا می زد و با زبان حال می گفت: خداوندا از جو صرف نظر کردم، دست کم مشتی کاه به من برسان.

بامدا فرا رسید و خادم، شتابان به آخور می رود و بی درنگ پالان را بر پشت خر می نهد و به شیوهٔ خرفروشان حرفه ای که با ضربات نیشتر، حیوان را به دویدن و چالاکی وامی دارند، خر را به حرکت و دویدن وا می دارد. تا صوفی گمان بَد نبرد. صوفی سوار بر مرکوب خود می شود و به راه می افتد. اما حیوان زبان بسته، نایِ راه رفتن ندارد، رفقا و دوستانش که متوجهٔ حالِ زارِ حیوان می شوند، هر کدام با قیافه ای کارشناسانه پیش می آیند. اظهار نظرها شروع می شود. وقتی که معاینه ها به جایی نمی رسد. نومیدانه به صوفی می گویند: این دیگر چه مرضی است، مگر تو نبودی که دیروز می گفتی این حیوان بسیار نیرومند و چالاک است. صوفی که از واقعیت امر آگاه است و ریشه اصلی پریشانی حیوان را می داند به آنان می گوید: خری که شب غذایش لاحَولَ وَلا قوةَالاّ بِالله، باشد سراسر شب به تسبیح گفتن مشغول می شود و بامداد نیز به سجده می رود.

Sufi's advice

How the Sufi enjoined the servant to take care of his beast and how the servant said, "La haul"

The story begins with a Sufi on a long and arduous journey, eventually arriving at a monastery where <u>he</u> decides to settle. First, he secures his ass in the stable and then joins the circle of Sufis for act of remembrance. After the chanting session, they prepare a meal, as is their custom.

During this time, the traveling Sufi remembers his ass and calls over the servant, instructing him to feed the animal some straw and barley so it doesn't go hungry through the night. The servant, annoyed by the instruction, exclaims said", La hawla wa la quwwata illa billah (There is no power or strength except through Allah). What kind of instruction is this? I have extensive experience in this job and know what to do. "The Sufi tells the servant, "My ass is old and feeble, and its teeth are dull and weak, so please soak the barley so it can chew it properly. " The servant replies, "good gracious. Are you teaching me? All the caretakers learn from me how to tend to their animals. "

The Sufi continues, "My animal has traveled a very long way and has sores from the saddle rubbing against its back, please apply some ointment to its wounds." The servant retorts, good gracious... Stop this philosophical nonsense. We have hosted tens of thousands of guests who have all left satisfied. "The Sufi then instructs, "Also give that mute animal some water, but make sure it's lukewarm, as cold water doesn't suit its temperament. " The servant responds, "good gracious... Your basic and obvious words embarrass me. " The Sufi advises, "Be careful, mix less straw into the barley. " The servant snaps back, good gracious... My lord, stop with these excessive instructions. I know everything that you are telling me. "The Sufi then says, "Clean the place of the animal from stones and dirt. If it's damp underneath, sprinkle some dry soil to prevent it from becoming ill. " The servant replies, "good gracious... Father, do not speak so much. " The Sufi further instructs, "Take a comb and groom the animal's back. " The servant protests, "good gracious... My life, my dear, shows some shame. I've told you, I know all of this. "

Determined, the servant stands up and tells the Sufi, "I will go and prepare the straw and barley. " He goes outside, encounters a group of idlers and vagabonds, engages in conversation with them, and forgets his promises. Meanwhile, the Sufi, exhausted from his journey, falls into a deep sleep filled with troubled dreams and terrifying nightmares. For example, he dreams his ass is caught in the clutches of a rabid wolf attacking it relentlessly. Startled awake, the Sufi mutters, "La hawla wa la quwwata illa billah. (There is no power or strength except through Allah). Has my mind become so disturbed to conjure such absurd thoughts?" He said: his ass stumbling and occasionally falling into pits and holes, though these visions are not entirely disconnected from reality; at that very time, his animal is struggling amid dirt and stones, severely weakened and hungry, silently saying, "O Lord, I've given up on the barley; at least send me a handful of straw.

Dawn arrives, and the servant, rushing to the stable, swiftly places the saddle on the ass and, like professional dassonkey sellers who with pricks spur the animal into activity, prompts the donkey to move and run so that the Sufi does not suspect the neglect. The Sufi mounts his ride and sets off, but the mute animal lacks the strength to walk. His friends and acquaintances, noticing the miserable state of the animal, come forward with expert looks, and when examinations lead nowhere, they despairingly tell the Sufi, "What kind of illness is this? Weren't you the one who said yesterday this animal is very strong and agile?" The Sufi, aware of the true cause of the animal's distress, tells them, "A ass that spends its night with 'La hawla wa la quwwata illa billah'. (There is no power or strength except through Allah) as its food, spends the entire night in prayer and prostrates in the morning."

خر برفت و خر برفت

(فروختن صوفیان بهیمه ی مسافر را جهت سماع)

يك صوفي مسافر، در راه به خانقاهي رسيد و شب آنجا ماند. خرش را آب و علف داد و در طويله بست. و به جمع صوفيان رفت. صوفيان فقير و گرسنه بودند. آه از فقر كه كفر و بي‌ايمانی به دنبال دارد. صوفيان، پنهاني خر مسافر را فروختند و غذا و خوردني خريدند و آن شب جشن مفّصلي بر پا كردند. مسافر خسته را احترام بسيار كردند و از آن خوردني‌ها خوردند. و صاحب خر را گرامي داشتند. او نيز بسيار لذّت مي‌برد.

پس از غذا، رقص و سماع آغاز كردند. رقص آغاز شد. مُطرب آهنگِ سنگيني آغاز كرد. و مي‌خواند: « خر برفت و خر برفت و خر برفت». صوفيان با اين ترانه گرم شدند و تا صبح رقص و شادي كردند. دست افشاندند و پاي كوبيدند. مسافر نيز به تقليد از آنها ترانهٔ خر برفت را با شور مي‌خواند.

هنگام صبح همه خداحافظي كردند و رفتند. صوفي بارش را برداشت و به طويله رفت تا بار بر پشت خر بگذارد و به راه ادامه دهد. اما خر در طويله نبود با خود گفت: حتماً خادم خانقاه خر را برده تا آب بدهد. خادم آمد ولي خر نبود، صوفي پرسيد: خر من كجاست. من خرم را به تو سپردم، و از تو مي‌خواهم. خادم گفت: صوفيان گرسنه حمله كردند، من از ترس جان تسليم شدم، آنها خر را بردند و فروختند تو گوشت لذيذ را ميان گربه‌ها رها كردي. صوفي گفت: چرا به من خبر ندادي، حالا آن‌ها همه رفته اند من از چه كسي- شكايت كنم؟ خرم را خورده‌اند و رفته‌اند.

خادم گفت: به خدا قسم، چند بار آمدم تو را خبر كنم. ديدم تو از همه شادتر هستي و بلندتر از همه مي‌خواندي خر برفت و خر برفت. خودت خبر داشتي و مي‌دانستي، من چه بگويم؟ صوفي گفت: آن غذا لذيذ بود و آن ترانه خوش و زيبا، مرا هم خوش مي‌آمد. آن صوفي از طمع و حرص به تقليد گرفتار شد و حرص عقل او را كور كرد.

Sufi Traveler

(How the Sufis sold the traveller's beast for the mystic dance)

A traveler Sufi reached a Sufi lodge on his journey and stayed there for the night. He gave his donkey water and hay and tied it in the stable, then joined the Sufis. The Sufis were poor and hungry. Ah, poverty leads to disbelief and loss of faith. Secretly, the Sufis sold the traveler's donkey and bought food and delicacies, and they held a grand feast that night. They treated the tired traveler with great respect and shared the food with him, honoring the owner of the donkey. He too enjoyed himself immensely.

After the meal, they started dancing and performing Sama. Not all Sufis are true seekers of truth. Out of thousands, only one is a true Sufi; the rest are living off his fortune. The dance began. The musician started playing a heavy tune, singing, "The donkey is gone, the donkey is gone, the donkey is gone. "The Sufis warmed up to this song and danced and celebrated until morning. They clapped their hands and stamped their feet. The traveler, following their lead, sang the "donkey is gone" song with enthusiasm.

In the morning, everyone said goodbye and left. The Sufi picked up his load and went to the stable to put it on the donkey's back and continue his journey. But the donkey was not in the stable. He thought to himself, "Surely the stable's servant has taken the donkey to give it water. " The servant came, but there was no donkey. The Sufi asked, "Where is my donkey? I entrusted it to you, and I demand it from you. "The servant said, "The hungry Sufis attacked, I surrendered for fear of my life, they took the donkey and sold it. You have let the delicious meat fall among the cats. " The Sufi said, "Why didn't you inform me? Now they have all gone. Who shall I complain to? They have eaten my donkey and left."!

The servant swore, "I came several times to inform you. I saw you were the happiest of all, singing louder than anyone else, 'The donkey is gone, the donkey is gone. ' You knew and were aware, what could I say"?The Sufi said, "That food was delicious, and the song was pleasant and beautiful. I too enjoyed it. "Oh, their imitation has ruined me! A hundred curses on that imitation!The Sufi, caught in greed and imitation, let his desire blind his wisdom.

عاشق شدن پادشاه بر کنیزک

(حکایت عاشق شدن پادشاه بر کنیزك و بیمار شدن کنیزك و تدبیر در صحت او)

پادشاه با ایمان و توانمندی، روزي براي شکار با درباریان خود به قصد شکار به دشت و صحرا رفت، در راه کنیزك دلربایی را دید و عاشق او شد. پول فراوان داد و دخترك را از اربابش خرید، پس از مدتي کنیزك بیمار شد و شاه بسیار غمگین گردید از سراسر کشور پزشکان ماهر را براي درمان او به دربار دعوت کرد، و گفت: جان من به جان این کنیزك وابسته است، اگر او درمان نشود، من هم خواهم مرد. هر کس معشوق مرا درمان کند، طلا و دارایی فراوان به او مي‌دهم.

پزشکان گفتند: ما با همه وجود این کار را مي‌کنیم و با همفکري و مشاوره او را حتماً درمان مي‌کنیم. هر یك از ما شفا دهنده است و برای هر دردی، درمانی می شناسیم. پزشکان آنچنان به دانش خود مغرور بودند که یادي از خدا نکردند. خدا هم ناتواني و عدم قدرت آنها را به ایشان نشان داد.

پزشکان هر چه برای درمان کنیزک تلاش کردند، سودی نداشت. کنیزک از شدت بیماري زرد و لاغر شده بود. شاه پیوسته گریه و زاری مي‌کرد. داروها، نه تنها اثر نکرد بلکه نتیجه آن برعکس شده بود. شاه از پزشکان ناامید شد و با پای برهنه به سمت مسجد می دوید و در محرابِ مسجد شروع به گریه کرد و با خدا راز و نیاز می کرد. آنقدر گریه کرد تا بالاخره از هوش رفت. وقتي به هوش آمد، دوباره دعا کرد. گفت: اي خداي بخشنده، من در درگاه تو چه چیزی می توانم بگویم، تو از اسرار درون من آگاهی. اي خدایي که همیشه پشتیبان ما بوده‌اي، بارِ دیگر ما اشتباه کردیم. شاه از جان و دل دعا کرد، ناگهان درياي بخشش و لطف خداوند او را دربرگرفت، شاه در میان گریه به خواب رفت. در خواب دید که یك پیرمرد زیبا و نوراني به او مي‌گوید: اي شاه مُژده بده که خداوند دعایت را قبول کرد. فردا مردی از جانب من به قصر تو مي‌آید. او پزشك ماهری است. درمان هر دردي را مي‌داند، صادق است و قدرت خدا در روح اوست. منتظر او باش.

فردا صبح هنگام طلوع خورشید، شاه در ایوان قصر خود منتظر نشسته بود، ناگهان مرد داناي خوش سیما از دور پیدا شد. او مثل آفتاب در سایه بود، مثل ماه مي‌درخشید. بود و نبود. مانند خیال و رؤیا بود. آن صورتي که شاه در رؤیاي مسجد دیده بود در چهرهٔ این مهمان بود. شاه به استقبال او رفت. اگر چه آن مرد غیبي را ندیده بود اما بسیار آشنا به نظرمي‌آمد. گویي سالها با هم آشنا بوده‌اند. و جانشان یکي بوده است. شاه از شادي، در پوست نمي‌گنجید. گفت: اي مرد، محبوب حقیقي من تو بوده‌اي نه کنیزك. مثل اینکه کنیزک بیمار شده تا بتوانم تو را ببینم کنیزك، وسیله رسیدن من به تو بوده است.

آنگاه مهمان را بوسید و دستش را گرفت و با احترام بسیار به ایوان قصر برد. پس از صرف غذا و رفع خستگي راه، شاه طبیب الهی را پیش کنیزك برد. و قصهٔ بیماري او را گفت. طبیب گفت: خانه را خلوت کنید و مشغول معاینه دختر شد. و آزمایش‌هاي لازم را انجام داد. و گفت: همهٔ داروهاي آن پزشکان بی اثر بوده و حال مریض را بدتر کرده، آنها از حالِ دختر بي‌خبر بودند و جسم او را درمان مي‌کردند. طبیب به بیماری دختر پی برد، امّا به شاه چیزی نگفت. طبیب الهی فهمید که کنیزک عاشق شده و دل او بیمار گردیده است. درد عشق با دیگر دردها فرق دارد. عشق آینهٔ ای است که آشکار کننده اسرارِ خداست. عقل از شرح عشق ناتوان است. شرحِ عشق و عاشقي را فقط خدا مي‌داند.

حکیم به شاه گفت: خانه را خلوت کن! همه بروند بیرون، حتي خود شاه. من مي‌خواهم از این کنیزک چیزهایي بپرسم. همه رفتند، حکیم ماند و دخترك. حکیم آرام آرام از دخترك پرسید: شهر تو کجاست؟ دوستان و خویشان تو چه کسانی هستند؟ پزشك نبض دختر را در دست گرفته بود و مي‌پرسید و دختر جواب مي‌داد. از شهرها و مردمان مختلف پرسید، از بزرگان شهرها پرسید، تا اینجا نبض آرام بود، تا به شهر سمرقند رسید، ناگهان نبض کنیزک تند شد و صورتش سرخ گردید. حکیم از محله‌هاي شهر سمر قند پرسید. همینکه نام کوچهٔ غاتْفَر را بر زبان اورد نبض دختر تندتر شد. حکیم فهمید که دخترك به این کوچه دلبستگي خاصي دارد. پرسید و

پرسید تا به نام جوان زرگر در آن کوچه رسید، رنگ دختر زرد شد، طبیب گفت: به بیماریت پی بردم، بزودي تو را درمان مي‌کنم. این راز را با کسي نگو. راز مانند دانه است اگر راز را در دل حفظ کني، مانند دانه از خاك مي‌روید و سبزه و درخت مي‌شود.

طبیب پیش شاه آمد و شاه را از کار دختر آگاه کرد و گفت: چارة درد دختر آن است که جوان زرگر را از سمرقند به اینجا بیاوري و با زر و پول او را فریب دهي تا دختر از دیدن او بهتر شود، شاه دو نفر دانا را به دنبال زرگر فرستاد. آن دو زرگر را یافتند او را ستودند و گفتند که شهرت و استادي تو در همه جا پخش شده، شاه تو را براي زرگري و خزانه داري انتخاب کرده است. این هدیه‌ها و طلاها را برایت فرستاده و از تو دعوت کرده تا به قصر او بیايي، در آنجا بیش از این به تو ثروت می بخشد. زرگر جوان، فریب مال و ثروت دنیا را خورد و شهر و خانواده‌اش را رها کرد و با خوشحالی به راه افتاد. او نمي‌دانست که شاه مي‌خواهد او را بکشد. سوار اسب تندرویی شد و به سمت قصر پادشاه به راه افتاد. زرگر نمي‌دانست چه سرنوشتی در انتظار اوست. آن هدیه‌ها خون بهاي او بود. در تمام راه خیال مال و زر در سر داشت.

وقتي به قصر پادشاه رسیدند حکیم ازاو به گرمی استقبال کرد و پیش شاه برد، شاه او را گرامي داشت و خزانه‌هاي طلا را به او سپرد و او را سرپرست خزانه کرد. طبیب گفت: اي شاه اکنون باید کنیزك را به این جوان بدهي تا بیماریش خوب شود. به دستور شاه کنیزك با جوان زرگر ازدواج کرد و شش ماه در خوبي و خوشي گذراندند تا حال کنیز خوب شد.

آنگاه طبیب دارویي ساخت و به زرگر داد. طلا فروش جوان روز بروز ضعیف ترمي‌شد. پس از گذشت یك ماه زشت و مریض و زرد شد و زیبايي و شادابي او از بین رفت و عشق او در دل کنیزک سرد شد. زیرا کنیز عاشق زیبایی طلا فروش شده بود نه باطن او واینگونه عشق ها، عشق حقیقی نیست. اگر عشق برای ظاهر کسی باشد، عاقبت با بی ارزشی از بین می رود. زرگر جوان از دو چشمش خون مي‌گریست، زیرا روي زیبا دشمن جانش شده بود، مانند طاووس که پرهاي زیبایش دشمن اویند.

زرگر نالید و گفت: من مانند همان آهویی هستم که صیاد برای نافۀ خوشبویش خون او را می‌ریزد. من مانند روباهی هستم که به خاطر پوست زیبایش او را می‌کشند، و یا مثل فیلی هستم که برای استخوان عاج زیبایش خونش را می‌ریزند. سپس گفت: ای شاه مرا کشتی. اما بدان که این جهان مانند کوه است و کارهای ما مانند صدا در کوه می‌پیچد و صدای اعمال ما دوباره به ما منعکس می شود. زرگر آنگاه لب فروبست و جان داد. کنیزک از عشق او خلاص شد. چون عشق او، عشق ظاهری بود. عشق بر چیزهای زودگذر، پایدار نمی ماند. عشق به معشوق حقیقی است که پایدار است. (داستان شاه و کنیزک اولین داستانی است که در مثنوی آمده و کاملاً رمزی و سمبولیک است).

༄

The king and his female slave

(The story of the king's falling in love with a handmaiden and buying her).

One day, the king went hunting in the fields with his courtiers. He saw a captivating handmaid and fell in love with her along the way. He paid a lot of money and bought the handmaid from her master. After some time, the handmaid fell ill, and the king became very sad. He invited skilled doctors from all over the country to treat her, saying, "My life is tied to the handmaid. Whoever heals my beloved will get plenty of gold and riches from me," he promised.

The doctors responded, "We will do our utmost and surely cure her through consultation. Each of us is a healer and knows a cure for every disease. "The doctors were so proud of their knowledge that they forgot to mention God. God then showed them their powerlessness.

Despite all their efforts, they couldn't cure the handmaid. The illness made the handmaid pale and thin. The king kept weeping and mourning. The medicines were ineffective and even made her condition worse. Disheartened by the physicians, the king ran barefoot to the mosque, crying and praying to God in the sanctuary. He cried so much that he eventually fainted. When he regained consciousness, he prayed again, saying, "O merciful God, what can I say before you? You know the secrets within me. " O God, who has always supported us, we have erred again. " The king prayed earnestly, and suddenly, God's forgiving and merciful presence engulfed him. He fell asleep while crying. In his dream, he saw a handsome, radiant old man telling him, "O king, rejoice, for God has accepted your prayer. Tomorrow, a man from me will come to your palace. " "He is a skilled physician. He knows the cure for every disease, is truthful, and has God's power in his soul. Wait for him. "

The following day, as the sun rose, the king sat waiting in the palace courtyard, and suddenly, a wise and pleasant-looking man appeared in the distance. He shone like the sun ithe shade and glimmered like the moon. His existence seemed like a dream or vision. The face the king had seen in his mosque dream was reflected in this guest. The king went to greet him. Though he had never seen this divine man before, he felt deeply familiar, as if their souls had known each other for years. The king was so joyful he couldn't contain himself. He exclaimed, "O man, you have been my true love, not the handmaid. It seems she fell ill so I could meet you. She was the means for me to reach you."

Then he kissed the guest, took his hand, and respectfully led him to the palace porch. After eating and resting from the journey, the king took the divine physician to the handmaid and told him about her illness.

The physician said, "Clear the house," then examined the handmaid conducting the necessary tests. He noted that all the medicines from the other doctors had been ineffective and worsened the patient's condition. They were treating her body without understanding her condition. The divine physician realized that the handmaid had fallen in love and her heart was ailing. Love's pain is different from other pains. Love is a mirror that reveals God's secrets. Reason cannot fully explain love; only God knows the true nature of love and devotion.

The divine physician told the king to empty the house. Everyone should leave, including the king, because he wanted to ask the handmaid some questions. Everyone left, leaving the divine physician and the handmaid alone. Gently, he asked her about her city, friends, and relatives while holding her pulse, which remained calm as they discussed various towns and people. However, when they reached the topic of Samarkand, her pulse quickened, and her face became flushed. The physician inquired about the neighborhoods of Samarkand. When he mentioned the lane ofGhātfer, her pulse raced even faster, indicating her special attachment to that place. He continued asking until he brought up a name, a young jeweler in that lane, and the handmaid's color turned yellow. The physician said, "I have discovered your ailment and will soon heal you. Keep this secret. " He likened a secret to a seed that grows and flourishes if kept in the heart.

The physician then informed the king about the handmaid's condition and suggested that the cure was to bring the young jeweler from Samarkand to her, using wealth and gold to entice him so that seeing him would improve her condition. The king sent two knowledgeable men to find the jeweler. They praised him, saying his fame and mastery had spread far and wide, and the king had chosen him for his jewelry skills and to manage his treasury. They brought gifts and gold, inviting him to the palace, where more incredible wealth awaited him. The young jeweler, lured by wealth, left his city and family and happily set off, unaware that the king planned to kill him. He rode swiftly towards the king's palace, oblivious to the fate awaiting him. The gifts were essentially his blood money. Throughout the journey, he dreamt of wealth and gold.

 Upon arrival at the palace, the wise man warmly welcomed him and presented him to the king, who honored him and entrusted him with the treasury, appointing him as the treasurer. The physician then advised the king to give the handmaid to the young jeweler to cure her illness. Following the king's order, the girl and the jeweler married and spent six happy months together, during which the handmaid recovered.

The divine physician then prepared a potion for the jeweler. The young goldsmith gradually weakened and became unattractive, sick, and pale, losing his beauty and vitality. This caused the handmaid's love for him to cool, for she had fallen in love with his appearance, not his essence. Such love, based on superficiality, ultimately proves worthless. The young jeweler wept blood, realizing that his beauty, which had become his enemy, was like a peacock's feathers that led to its downfall. He lamented, comparing himself to a musk deer hunted for its scent, a fox killed for its fur, or an elephant slain for its ivory tusks. He accused the king of killing him but reminded him that the world is like a mountain where our actions echo back to us. The jeweler then died. The girl was freed from her superficial love, illustrating that transient affections do not last. True love endures and is directed towards a genuine beloved. The story of the king and the handmaid is the first tale in Rumi's Masnavi, and it is filled with symbolic and allegorical meanings.

موش و شتر

(کشیدن موش مهار شتر را و متعجب شدن موش در خود)

موشي، مهار شتري را به شوخي به دندان گرفت و به راه افتاد. شتر هم به شوخي به دنبال موش روان شد و با خود گفت: بگذار تا اين حيوانك لحظه‌اي خوش باشد، موش مهار را مي‌كشيد و شتر مي‌آمد. موش مغرور شد و با خود گفت: من پهلوانِ بزرگي هستم و شتر با اين عظمت را به دنبال خود مي‌كشم. رفتند تا به كنار رودخانه‌اي پراب رسيدند، كه شير و گرگ از آن نمي‌توانستند عبور كنند.

موش بر جاي خود ايستاد. شتر گفت: چرا ايستادي؟ چرا حيراني؟ مردانه پا در آب بگذار و برو، تو پيشواي من هستي، برو. موش گفت: آب زياد و خطرناك است. مي‌ترسم غرق شوم. شتر گفت: بگذار ببينم اندازهٔ آب چقدر است؟ موش كنار رفت و شتر پايش را در آب گذاشت. آب فقط تا زانوي شتر بود. شتر به موش گفت: اي موش نادانِ كور چرا مي‌ترسي؟ آب تا زانو بيشتر نيست. موش گفت: آب براي تومثل مورچه ای ضعيف است و براي من مثل اژدها. از زانو تا به زانو فرق‌ها بسيار است. آب اگر تا زانوي توست. صدها متر بالاتر از سرِ من است.

شتر گفت: ديگر بي‌ادبي و گستاخي نكني. با دوستان هم قدّ خودت شوخي كن. موش با شتر هم سخن نيست. موش گفت: ديگر چنين كاري نمي‌كنم، توبه كردم. تو به خاطر خدا مرا ياري كن تا بتوانم از آب عبور كنم. شتر مهرباني كرد و گفت بيا بر كوهان من بنشين تا هزار موش مثل تو را به راحتي از آب عبور دهم.

The mouse and camel

(How the mouse pulled the camel's nose-ring and became self-conceited).

The mouse took the reins in its teeth and started walking. The camel, also in jest, followed the mouse and thought to itself, "Let this little creature have a moment of joy. The mouse is pulling the reins, and the camel is following. " The mouse became proud and thought, "I am a great hero, pulling this massive camel behind me. " They continued until they reached a river, which even lions and wolves couldn't cross.

The mouse stopped in its tracks. The camel asked, "Why have you stopped? Why are you hesitating? Be brave, step into the water, and go. You are my leader, go ahead. "The mouse replied, "The water is deep and dangerous. I'm afraid I'll drown. "The camel said, "Let me see how deep the water is. " The mouse moved aside, and the camel stepped into the water. The water was only up to the camel's knees. The camel said to the mouse, "Oh foolish and blind mouse, why are you afraid? The water is only knee-deep. "The mouse said, "The water may be like a weak ant to you, but it's like a dragon to me. The difference between knee to knee is vast. If the water is up to your knees, it's hundreds of meters above my head."

The camel said, "Don't be rude and insolent anymore. Joke with friends your own size. A mouse does not converse with a camel." The mouse replied," I won't do such a thing again. I repent. Please help me cross the water for God's sake." The kind camel said: "Come, sit on my hump, and I will easily carry a thousand mice like you across the water."

نزاع چهار نفر بر سر انگور

(منازعت چهار کس جهت انگور که هر یکی به نام دیگر فهم کرده بود آن را)

چهار نفر، با هم دوست بودند، عرب، ترك، رومی و ایرانی، مردی به آنها یك دینار پول داد. ایرانی گفت: "انگور "بخریم و بخوریم. عرب گفت: نه! من "عنب" می‌خواهم، ترك گفت: بهتر است "اُزوُم" بخریم. رومی گفت: دعوا نکنید! استافیل می‌خریم، آنها به توافق نرسیدند. هر چند همهٔ آنها یك میوه، یعنی انگور می‌خواستند.

از نادانی مشت بر هم می‌زدند. زیرا راز و معنای نام‌ها را نمی‌دانستند. هر کدام به زبان خود انگور می‌خواست. اگر یك مرد دانای زبان‌دان آنجا بود، آنها را آشتی می‌داد و می‌گفت من با این یك دینار خواستهٔ همه ی شما را می‌خرم، یك دینار هر چهار خواستهٔ شما را بر آورده می‌کند. شما دل به من بسپارید، خاموش باشید. سخن شما موجب نزاع و دعوا است، چون معنای نام‌ها را می‌دانم اختلاف شماها در نام است و در صورت، معنا و حقیقت یك چیز است.

The Dispute Over Grapes

Four friends, an Arab, a Turk, a Roman, and a Persian, were given a dinar by a man. The Persian suggested they buy grapes and eat them. The Arab disagreed, saying he wanted "anab" (grapes in Arabic). The Turk suggested they buy "üzüm" (grapes in Turkish). The Roman interjected, proposing they buy "stafylis" (grapes in Greek). Despite each wanting the same fruit, they couldn't agree due to their linguistic differences. Each insisted on their preferred term, unaware that they were all referring to the same thing. If a wise linguist had been present, they could have easily resolved the dispute. They would have explained that the dinar could be used to purchase grapes for all four friends, fulfilling their shared desire.

The linguist would have urged the friends to silence their disagreement, as it arose from a misunderstanding of names. They would have emphasized that the difference lay in the words, not the substance, and that the four terms all referred to the same fruit.

فیل در تاریکی

(اختلاف کردن در چگونگي و شکل پیل)

شهري بود كه مردمش، اصلاً فيل نديده بودند، از هند فيلي آوردند و به خانة تاريكي بردند و مردم را به تماشاي آن دعوت كردند، مردم در آن تاريكي نمي‌توانستند فيل را با چشم ببينيد. ناچار بودند با دست آن را لمس كنند. كسي كه دستش به خرطوم فيل رسيد. گفت: فيل مانند يك لولة بزرگ است. ديگري كه گوش فيل را با دست گرفت؛ گفت: فيل مثل بادبزن است. يكي بر پاي فيل دست كشيد و گفت: فيل مثل ستون است. و كسي ديگر پشت فيل را با دست لمس كرد و فكر كرد كه فيل مانند تخت خواب است.

آنها وقتي نام فيل را مي‌شنيدند هر كدام گمان مي‌كردند كه فيل همان است كه تصور كرده‌اند. فهم و تصور آنها از فيل مختلف بود و سخنانشان نيز متفاوت بود. اگر در آن خانه شمعي مي‌بود. اختلاف سخنان آنان از بين مي‌رفت. ادراك حسي مانند ادراك كف دست، ناقص و نارسا است. نمي‌توان همه چيز را با حس و عقل شناخت. در صورت، معنا و حقيقت يك چيز است.

The Elephant in the Dark

(The disagreement as to the description and shape of the elephant)

There was a city where its people had never seen an elephant. An elephant was brought from India and taken to a dark house. The people were invited to see it, but in that darkness, they couldn't see the elephant with their eyes. They had to touch it with their hands. One person, whose hand reached the elephant's trunk, said, "The elephant is like a big pipe. " Another, who touched the elephant's ear, said, "The elephant is like a fan. " Someone who felt the elephant's leg said, "The elephant is like a pillar. " And another who touched the elephant's back thought it was like a bed.

When they heard the name elephant, each of them thought the elephant was what they had imagined. Their understanding and perception of the elephant were different, and so were their words. If there had been a candle in that house, their differing words would have disappeared. Sensory perception, like the touch of a hand, is incomplete and insufficient. One cannot fully understand everything through senses and reason alone. In essence, the meaning and reality of a thing are the same.

معلم و کودکان

(در وهم افگندن کودکان استاد را)

کودکان مکتب از درس و مشق خسته شده بودند. با هم مشورت کردند که چگونه درس را تعطیل کنند و چند روزي از درس و کلاس راحت باشند. یکي از شاگردان که از همه زیرکتر بود گفت: فردا ما همه به نوبت به مکتب مي‌آییم و یکي یکي به استاد مي گوییم چرا رنگ و رویتان زرد است؟ مریض هستید؟ وقتي همه این حرف را بگوییم او باور مي کند و خیال بیماري در او زیاد مي‌شود. همهٔ شاگردان حرف این کودك زیرك را پذیرفتند و با هم پیمان بستند که همه در این کار متفق باشند، و کسي خبرچیني نکند.

فردا صبح کودکان با این قرار به مکتب آمدند. در مکتب‌خانه کلاس درس در خانهٔ استاد تشکیل مي‌شد. همه دم در منتظر شاگرد زیرك ایستادند تا اول او داخل برود و کار را آغاز کند. او آمد و وارد شد و به استاد سلام کرد و گفت: خدا بد ندهد؟ چرا رنگ رویتان زرد است؟ استاد گفت: نه حالم خوب است و مشکلي ندارم، برو بنشین درست را بخوان. اما گمان بد در دل استاد افتاد. شاگرد دوم آمد و به استاد گفت که چرا رنگتان زرد است؟ وهم در دل استاد بیشتر شد. همینطور سي شاگرد آمدند و همه همین حرف را زدند. استاد کم کم یقین کرد که حالش خوب نیست. پاهایش سست شد به خانه آمد، شاگردان هم به دنبال او آمدند.

زنش گفت چرا زود برگشتي؟ چه خبر شده؟ استاد با عصبانیت به همسرش گفت: مگر کوري؟ رنگ زرد مرا نمي‌بیني؟ بیگانه‌ها نگران من هستند و تو از دورویي و کینه، بدي حال مرا نمي‌بیني. تو مرا دوست نداري. چرا به من نگفتي که رنگ صورتم زرد است؟ زن گفت: اي مرد تو حالت خوب است. بد گمان شده‌اي. استاد گفت: تو هنوز لجاجت مي کني! این رنج و بیماري مرا نمي‌بیني؟ اگر تو کور و کر شده‌اي من چه کنم؟ زن گفت: الآن آینه مي‌آورم تا در آینه ببیني، که رنگت کاملاً عادي است. استاد فریاد زد و گفت: نه تو و نه آینه‌ات، هیچکدام راست نمي‌گویید. تو همیشه با من

کینه و دشمني داري. زود بستر خواب مرا آماده کن که سرم سنگین شد، زن کمي دیرتر، بستر را آماده کرد، استاد فریاد زد و گفت تو دشمن مني. چرا ایستاده‌اي؟ زن نمي‌دانست چه بگوید؟ با خود گفت اگر بگویيم تو حالت خوب است و مریض نیستي، مرا به دشمني متهم مي‌کند و گمان بد مي‌برد که من در هنگام نبودن او در خانه کار بد انجام مي‌دهم. اگر چیزي نگویيم این ماجرا جدي مي‌شود.

زن بستر را آماده کرد و استاد روي تخت دراز کشید. کودکان آنجا کنار استاد نشستند و آرام آرام درس مي‌خواندند و خود را غمگین نشان مي‌دادند. شاگرد زیرك اشاره کرد که بچه‌ها یواش یواش صدایشان را بلند کردند. بعد گفت: آرام بخوانید صداي شما استاد را آزار مي‌دهد. آیا ارزش دارد که براي یك دیناري که شما به استاد مي‌دهید اینقدر درد سر بدهید؟ استاد گفت: راست مي‌گوید. بروید. درد سرم را بیشتر کردید. درس امروز تعطیل است. بچه‌ها براي سلامتي استاد دعا کردند و با شادي به سوي خانه‌ها رفتند.

مادران با تعجب از بچه‌ها پرسیدند: چرا به مکتب نرفته‌اید؟ کودکان گفتند که از قضاي آسمان امروز استاد ما بیمار شد. مادران حرف شاگردان را باور نکردند و گفتند: شما دروغ مي‌گویید. ما فردا به مکتب مي‌آییم تا اصل ماجرا را بدانیم. کودکان گفتند: بفرمایید، بروید تا راست و دروغ حرف ما را بدانید. بامداد فردا مادران به مکتب آمدند، استاد در بستر افتاده بود، از بس لحاف روي او بود عرق کرده بود و ناله مي‌کرد، مادران پرسیدند: چه شده؟ از کي درد سر دارید؟ ببخشید ما خبر نداشتیم. استاد گفت: من هم بیخبر بودم، بچه‌ها مرا از این درد پنهان باخبر کردند. من سرگرم کارم بودم و این درد بزرگ در درون من پنهان بود. آدم وقتي با جدیت به کار مشغول باشد رنج و بیماري خود را نمي‌فهمد.

Teacher and children

(How the boys made the teacher imagine)

The schoolchildren were tired of their lessons and homework. They consulted with each other on how to cancel classes and have a few days off. One of the students, who was the most cunning, said, "Tomorrow, we'll all come to school one by one and ask the teacher, 'Why is your face so pale? Are you sick?' When we all say this, he'll believe it and think he's really ill. " All the students agreed to this plan and made a pact to stick together and not tell anyone.

The next morning, the children went to school with this plan in mind. The classroom was in the teacher's house. All the students waited outside for the cunning student to go in first and start the plan. He went in, greeted the teacher, and said, "God forbid, why is your face so pale?" The teacher replied, "No, I'm fine, go sit down and read your lesson. " But the teacher started to have doubts. The second student came in and said the same thing, and the teacher's doubts grew. Thirty students came in, all saying the same thing, and the teacher gradually became convinced that he was not well. He felt weak and went home, followed by the students.

His wife asked, "Why did you come back early? What happened?" Angrily, the teacher said to his wife, "Are you blind? Can't you see my pale face? Strangers are worried about me, and you, out of spite, can't see how bad I am. You don't love me. Why didn't you tell me my face was pale?" His wife said, "You're fine, you're just imagining things. " The teacher said, "You're still being stubborn! Can't you see how sick I am? If you're blind and deaf, what can I do?" The wife said, "I'll bring a mirror so you can see that your color is perfectly normal. " The teacher shouted, "Neither you nor your mirror are telling the truth. You always have a grudge against me. " He demanded his bed be prepared as he felt very heavy. The wife prepared the bed a little later, and the teacher shouted, "You're my enemy. Why are you standing there?" The wife didn't know what to say. She thought, if I say you're fine and not sick, you'll accuse me of being an enemy and think that I do bad things when you're not at home. If I don't say anything, this will become serious.

The wife prepared the bed, and the teacher lay down. The children sat quietly beside the teacher, pretending to be sad. The cunning student signaled for the children to gradually raise their voices. Then he said, "Read quietly, your voice is bothering the teacher. Is it worth causing so much trouble for the small amount you pay the teacher?" The teacher said, "He's right. Go away. You've made my headache worse. Today's lesson is canceled. " The children prayed for the teacher's health and happily went home.

Their mothers asked in surprise, "Why didn't you go to school?" The children said, "By a twist of fate, our teacher fell ill today. " The mothers didn't believe the students and said, "You're lying. We'll go to school tomorrow to find out the truth. " The children said, "Please do, so you can see if we're telling the truth or not. " The next morning, the mothers went to school and found the teacher lying in bed, sweating under the blankets and moaning. They asked, "What's wrong? When did you start feeling this headache? We're sorry we didn't know. " The teacher said, "I was unaware too. The children informed me of this hidden pain. I was busy with my work and didn't realize this great pain inside me. When a person is seriously engaged in work, they don't understand their own suffering and illness. "

پرنده نصیحتگو

(قصه ی آن مرغ گرفته که وصیت کرد که بر گذشته پشیمانی مخور، تدارك وقت اندیش)

يك شكارچي، پرنده‌اي را به دام انداخت. پرنده گفت: اي مرد بزرگوار! تو در طول زندگي خود گوشت گاو و گوسفند بسيار خورده‌اي و هيچ وقت سير نشده‌اي. واز خوردن بدن كوچك و ريز من هم سير نمي‌شوي. اگر مرا آزاد كني، سه پند ارزشمند به تو مي‌دهم تا به سعادت و خوشبختي برسي.

پند اول را در دستان تو مي‌دهم. اگر آزادم كني پند دوم را وقتي كه روي بام خانه‌ات بنشينم به تو مي‌دهم. پند سوم را وقتي كه بر درخت بنشينم. مرد قبول كرد. پرنده گفت: پند اول اينكه: سخن محال را از كسي باور مكن. مرد بلافاصله او را آزاد كرد. پرنده بر سر بام نشست. گفت پند دوم اينكه: هرگز غم گذشته را مخور. برچيزي كه از دست دادي حسرت مخور. پرنده روي شاخ درخت پريد و گفت: اي بزرگوار! در شكم من يك مرواريد گرانبها به وزن ده درم هست. ولي متأسفانه روزي و قسمت تو و فرزندانت نبود. وگرنه با آن ثروتمند و خوشبخت مي‌شدي. مرد شگارچي از شنيدن اين سخن بسيار ناراحت شد و آه و ناله‌اش بلند شد. پرنده با خنده به او گفت: مگر تو را نصيحت نكردم كه بر گذشته افسوس نخور؟ يا پند مرا نفهميدي يا كر هستي؟ پند دوم اين بود كه سخن ناممكن را باور نكني. اي ساده لوح ! همهٔ وزن من سه درم بيشتر نيست، چگونه ممكن است كه يك مرواريد ده درمي در شكم من باشد؟ مرد به خود آمد و گفت اي پرندهٔ دانا پندهاي تو بسيار گرانبهاست.

پند سوم را هم به من بگو. پرنده گفت آيا به آن دو پند عمل كردي كه پند سوم را هم بگويم.

پند گفتن با نادان خواب‌آلود مانند بذر پاشيدن در زمين شوره‌زار است.

The Preaching Bird

(Story of the captive bird which gave the injunctions: do not feel sorrow for what is past, think about taking precaution for the present (need), and do not spend time repenting).

A hunter caught a bird in a trap. The bird said, "O noble man! You have eaten a lot of beef and lamb throughout your life and have never been satisfied. You will not be satisfied by eating my small and slender body either. If you set me free, I will give you three valuable pieces of advice to lead you to happiness and prosperity.

I will give you the first piece of advice in your hands. If you release me, I will give you the second piece of advice when I sit on the roof of your house. I will give you the third piece of advice when I sit on a tree. " The man agreed. The bird said:The first piece of advice is: Do not believe in the impossible from anyone. The man immediately set the bird free. The bird sat on the roof and said the second piece of advice is: Never grieve over the past. Do not regret what you have lost. The bird flew to a tree branch and said, "O noble man! There is a precious pearl in my stomach weighing ten dirhams. Unfortunately, it was not your or your children's fate to have it. Otherwise, you would have become wealthy and happy with it. " The hunter was very upset upon hearing this and began to wail. The bird laughed and said to him, "Didn't I advise you not to regret the past? Either you didn't understand my advice, or you are deaf? The second piece of advice was not to believe in the impossible. You simpleton! My entire weight is no more than three dirhams. How could there be a ten-dirham pearl in my stomach?" The man came to his senses and said, "O wise bird, your advice is very valuable.

Please tell me the third piece of advice. "The bird said, "Did you act upon the first two pieces of advice that I should tell you the third one? Giving advice to an ignorant sleepyhead is like sowing seeds in saline soil."

مرد گِلْخوار

(قصه ی عطاری که سنگ ترازوی او گل سر شوی بود و دزدیدن مشتری گل خوار از آن گل هنگام سنجیدن شکر)

مردي که به گل خوردن عادت داشت به يك بقالي رفت تا قند سفيد بخرد. بقال مرد دغلکاري بود. به جاي سنگ، گل در ترازو گذاشت تا سبکتر باشد و به مشتري گفت: سنگ ترازوي من از گل است. آيا قبول ميکني؟ مرد گلخوار با خود گفت: چه بهتر!. گل ميوة دل من است. به بقال گفت: مهم نيست، بکش بقال گل را در کفّه ترازو گذاشت و شروع کرد به شکستن قند، چون تيشه نداشت و با دست قند را مي‌شکست، به ظاهر کار را طول داد. و پشتش به گلخوار بود، گلخوار ترسان ترسان و تندتند از گل ترازو مي‌خورد و مي‌ترسيد که بقال او را ببيند، بقال متوجه دزدي گلخوار از گل ترازو شده بود ولي چنان نشان مي‌داد که نديده است. و با خود مي‌گفت: اي گلخوار بيشتر بدزد، هرچه بيشتر بدزدي به نفع من است. چون تو ظاهراً از گل من مي‌دزدي ولي داري از پهلوي خودت مي‌خوري. تو از فرط خري از من مي‌ترسي، ولي من مي‌ترسم که توکمتر بخوري. وقتي قند را وزن کني مي‌فهمي که چه کسي احمق و چه کسي عاقل است.

The clay-eater

(Story of the druggist whose balance-weight was clay for washing the head; and how a customer, who was a clay-eater, stole some of that clay covertly and secretly, whilst sugar was being weighed).

A man who was accustomed to eating clay went to a grocery store to buy white sugar. The grocer was a deceitful man. Instead of a stone, he put clay on the scale to make it lighter and said to the customer, "My scale's weight is made of clay. Do you accept that?" The clay eater thought to himself, "What could be better! Clay is the fruit of my heart. " He said to the grocer, "It doesn't matter, go ahead. "The grocer put the clay on the scale and started breaking the sugar. Since he didn't have a hammer, he was breaking the sugar with his hands, seemingly prolonging the task. With his back turned to the clay eater, the clay eater, nervously and quickly, ate the clay from the scale, fearing that the grocer might see him. The grocer noticed the clay eater stealing the clay from the scale but pretended not to see. He thought to himself, "Oh clay eater, steal more, the more you steal, the better for me. You think you're stealing my clay, but you're actually eating from your own side. You're foolishly afraid of me, but I'm afraid that you'll eat less. When we weigh the sugar, we'll see who the fool is and who is the wise. It's like a chicken that is happy with the grain, but the same grain leads it to death."

دباغ در بازار عطاران

(قصه ی آن دباغ که در بازار عطاران از بوی عطر و مشک بیهوش و رنجور شد)

روزي مردي از بازار عطرفروشان مي گذشت، ناگهان بر زمين افتاد و بيهوش شد. مردم دور او جمع شدند و هر كسي چيزي مي گفت، همه براي درمان او تلاش مي كردند. يكي نبض او را مي گرفت، يكي دستش را مي‌ماليد، يكي كاه گِلِ تر جلو بيني او مي گرفت، يكي لباس او را در مي‌آورد تا حالش بهتر شود. ديگري گلاب بر صورت آن مرد بيهوش مي‌پاشيد و يكي ديگر عود و عنبر مي‌سوزاند. اما اين درمانها هيچ سودي نداشت. مردم همچنان جمع بودند. هركسي چيزي مي گفت. يكي دهانش را بو مي كرد تا ببيند آيا او شراب يا بنگ يا حشيش خورده است؟ حال مرد بدتر و بدتر مي‌شد و تا ظهر او بيهوش افتاده بود.

همه درمانده بودند. تا اينكه خانواده‌اش باخبر شدند، آن مرد برادر دانا و زيركي داشت او فهميد كه چرا برادرش در بازار عطاران بيهوش شده است، با خود گفت: من درد او را مي‌دانم، برادرم دباغ است و كارش پاك كردن پوست حيوانات از مدفوع و كثافات است. او به بوي بد عادت كرده و لايه‌هاي مغزش پر از بوي سرگين و مدفوع است. كمي سرگين بدبوي سگ برداشت و در آستينش پنهان كرد و با عجله به بازار آمد. مردم را كنار زد، و كنار برادرش نشست و سرش را كنار گوش او آورد بگونه‌اي كه مي‌خواهد رازي با برادرش بگويد. و با زيركي طوري كه مردم نبينند آن مدفوع بد بوي را جلو بيني برادر گرفت. زيرا داروي مغز بدبوي او همين بود. چند لحظه گذشت و مرد دباغ بهوش آمد. مردم تعجب كردند وگفتند اين مرد جادوگر است. در گوش اين مريض افسوني خواند و او را درمان كرد.

The tanner in the bazzar

The Story of the tanner who fainted and sickened on smelling attar and muskin the bazaar of the perfumers.

One day, a man was passing through the perfume market when he suddenly fell to the ground and fainted. People gathered around him, each offering a suggestion for his recovery. One checked his pulse, another rubbed his hands, someone held moist clay to his nose, another removed his clothes to cool him down. Another sprinkled rose water on the unconscious man's face, and another burned incense and ambergris. But none of these remedies worked. The crowd continued to grow, and everyone had something to say. Someone smelled his breath to check if he had consumed alcohol, bhang, or hashish. The man's condition worsened, and he remained unconscious until noon.

Everyone was at a loss until his family was informed. The man had a wise and clever brother who understood why his brother had fainted in the perfume market. He thought to himself, "I know what ails him. My brother is a tanner, and his job is to clean animal hides from feces and filth. He is accustomed to foul smells, and his brain is filled with the scent of dung and excrement. " He took some smelly dog excrement, hid it in his sleeve, and hurried to the market. He pushed through the crowd, sat beside his brother, and leaned in as if to whisper a secret. Slyly, without the crowd noticing, he held the foul-smelling dung to his brother's nose, for this was the cure for his malodorous brain. After a few moments, the tanner regained consciousness. The people were amazed and said, "This man is a sorcerer. He whispered a spell in the patient's ear and cured him. "

نحوی و کشتیبان

(حکایت ماجرای نحوی و کشتیبان)

عالِمی نحو شناس، سوار بر کشتی شد. او که مردی خودبین و خودخواه بود و به دانش نحو خود مغرور بود و فقط توانایی های اندک خود را می دید. از روی کبر و غرور، روی به کشتیبان کرد و گفت: آیا چیزی از نحو و دستور زبان عربی می دانی؟ کشتیبان گفت نه، من تا کنون چیزی در مورد دستور زبان عربی نخوانده ام. آن عالِم نحوی با ریشخند به او گفت: حال که از نحو چیزی نمی دانی و کشتیبانی دانی، نیمی از عُمرت را تباه کرده ای. کشتیبان از این کلام پر غرور و تحقیرآمیز، ناراحت و دلشکسته شد. ولی چیزی نگفت.

دقایقی بعد از این گفتگو، دریا طوفانی شد و امواج بلندی بر پهنه دریا پدید آورد و کشتی را به گردابی ترسناک گرفتار ساخت. در این گیر و دار، کشتیبان رو به آن نحوی کرد و گفت: ای رفیق، آیا با فن شنا در دریا آشنایی داری؟ گفت نه، تا کنون شنا نکرده ام. کشتیبان با قاطعیت و صراحت گفت: حال که شنا نمی دانی. همه عُمرت بر فنا می رود. زیرا این کشتی به گردابی سخت افتاده و برای نجات پیدا کردن باید شناگر ماهری باشی.

The grammarian and the boatman

(The story of what passed between the grammarian and the boatman)

Once, a syntactic scientist boarded a ship. He was a proud and selfish man who was arrogant about his knowledge of grammar and only saw his own limited abilities. With pride and arrogance, he turned to the skipper and asked, "Do you know anything about grammar and the rules of the Arabic language?" The skipper replied, "No, I have never studied the rules of the Arabic language. " The skipper sneered at him and said, "Since you don't know grammar, you have wasted half of your life. " The skipper felt sad and hurt by these proud and demeaning words, but he said nothing.

A few minutes after this conversation, the sea became stormy, and high waves appeared on the surface of the sea, trapping the ship in a terrifying whirlpool. In this situation, the skipper turned to the syntactic and asked, "Friend, do you know how to swim in the sea?" The syntactic replied, "No, I have never swum before. " The skipper said firmly and clearly, "Since you don't know how to swim, your whole life is going to waste. This ship has fallen into a difficult whirlpool, and to find salvation, you must be a skilled swimmer. "

پوستین کهنه در دربار

(قصه‌ی ایاز و حجره داشتن او جهت چارق و پوستین و گمان آمدن خواجه تاشانش را که او را در آن حجره دفینه است به سبب محکمی در و گرانی قفل)

ایاز، غلام شاه محمود غزنوی (پادشاه ایران) در آغاز چوپان بود. وقتی در دربار سلطان محمود به مقام و منصب دولتی رسید، چارق و پوستین دوران فقر و غلامی خود را به دیوار اتاقش آویزان کرده بود و هر روز صبح، اول به آن اتاق می‌رفت و به آنها نگاه می‌کرد و از بدبختی و فقر خود یاد می‌آورد و سپس به دربار می‌رفت.

او قفل سنگینی بر در اتاق می‌بست. درباریان حسود که به او بدبین بودند خیال کردند که ایاز در این اتاق گنج و پول پنهان کرده و به هیچ کس نشان نمی‌دهد. به شاه خبر دادند که ایاز طلاهای دربار را در اتاق برای خودش جمع و پنهان می‌کند. سلطان می‌دانست که ایاز مرد وفادار و درستکاری است. اما گفت: وقتی ایاز در اتاقش نباشد بروید و همه طلاها و پول‌ها را برای خود بردارید. نیمه شب، سی نفر با مشعل‌های روشن در دست به اتاق ایاز رفتند. با شتاب و حرص قفل را شکستند و وارد اتاق شدند. اما هرچه گشتند چیزی نیافتند. فقط یک جفت چارق کهنه و یک دست لباس پاره آنجا از دیوار آویزان بود. آنها خیلی ترسیدند.

وقتی پیش شاه آمدند شاه گفت: چرا دست خالی آمدید؟ گنجها کجاست؟ آنها سرهای خود را پایین انداختند و معذرت خواهی کردند. سلطان گفت: من ایاز را خوب می‌شناسم او مرد راست و درستی است. آن چارق و پوستین کهنه را هر روز نگاه می‌کند تا به مقام خود مغرور نشود. و گذشته‌اش را همیشه به یاد بیاورد.

The Old Coat in the Court

(The story of Ayaz and his room for keeping his sandals and coat, and the suspicion of his adversaries who thought he had hidden treasures there because of the sturdy door and heavy lock).

Ayaz, once a humble shepherd, rose to a high government position in the court of Sultan Mahmoud of Ghazni (the King of Iran). He hung his old sandals and coat, relics of his impoverished and servile past, on the wall of his room. Every morning, he would first visit this room, look at these items, and remind himself of his humble beginnings before heading to the court.

He kept the room securely locked. Envious courtiers, suspicious of Ayaz, thought he hid treasures and money in that room and reported this to the king, claiming Ayaz was hoarding the court's gold for himself. The Sultan, knowing Ayaz's loyalty and integrity, said, "When Ayaz is not in his room, go and take all the gold and money for yourselves. " At midnight, thirty men with torches broke the heavy lock and entered the room. Despite searching everywhere, they found nothing but an old pair of sandals and a tattered coat hanging on the wall.

Terrified, they returned to the Sultan empty-handed. "Why have you come back empty-handed? Where are the treasures?" asked the Sultan. The courtiers bowed their heads in shame and apologized. The Sultan said, "I know Ayaz well; he is a true and honest man. He looks at those old sandals and coat every day to keep himself from becoming arrogant and to always remember his past.

لیلی و مجنون

(گفتن خویشاوندان مجنون را که حسن لیلی به اندازه ای است، چندان نیست، از او نغزتر در شهرما بسیار است یکی و دو و ده بر تو عرضه کنیم اختیار کن، ما را و خود را وارهان، و جواب گفتن مجنون ایشان را)

مجنون در عشق لیلی می‌سوخت. دوستان و آشنایان نادان او که از عشق چیزی نمی‌دانستند گفتند: لیلی خیلی زیبا نیست. در شهر ما دختران زیباتر از و زیادند، دخترانی مانند ماه، تو چرا اینقدر ناز لیلی را می‌کشی؟ بیا و از این دختران زیبا یکی را انتخاب کن.

مجنون گفت: صورت و بدن لیلی مانند کوزه است، من از این کوزه شراب زیبایی می‌نوشم. خدا از این صورت به من شراب مست کنندهٔ زیبایی می‌دهد. شما به ظاهر کوزه دل نگاه می‌کنید. کوزه مهم نیست، شراب کوزه مهم است که مست کننده است. خداوند از کوزه لیلی به شما سرکه داد، اما به من شراب داد. شما عاشق نیستید. خداوند از یک کوزه به یکی زهر می‌دهد به دیگری شراب و عسل. شما کوزه صورت را می‌بینید و آن شراب ناب با چشم ناپاک شما دیده نمی‌شود. مانند دریا که برای مرغ آبی مثل خانه است اما برای کلاغ باعث مرگ و نابودی است.

Layla and Majnun

(How the kinsfolk of Majnun said to him, “The beauty of Layla is limited, it is not so very great: in our city there are many fairer than she. We will show unto you one or two or ten: take your choice and deliver us and yourself ”; and how Majnun answered them).

Majnun was burning in love with Layla. His ignorant friends and acquaintances who knew nothing about love said,

"Layla is not very beautiful. There are many girls more beautiful than her in our town, girls like the moon. Why do you endure Layla's coquetry so much? Come and choose one of these beautiful girls."

Majnun said, "Layla's face and body are like a jug, and I drink the wine of beauty from this jug. God gives me the intoxicating wine of beauty from this face. You look at the appearance of the jug of the heart. The jug is not important, it's the wine in the jug that is important, which is intoxicating. God gave you vinegar from Layla's jug but gave me wine. You are not in love. God gives poison to one from a jug and wine and honey to another. You see the jug of the face, and that pure wine is not seen with your impure eyes. Like the sea, which is like home for a waterfowl, but causes death and destruction for a crow. "

باغ خدا، دست خدا، چوب خدا

(حکایت هم در جواب جبری و اثبات اختیار و صحت امر و نهی و بیان آن که عذر جبری در هیچ ملتی و در هیچ دینی مقبول نیست و موجب خالص نیست از سزای آن کار که کرده است چنان که . . .)

مردی در یک باغ درخت خرمایی را با شدت تکان می‌داد و خرما برروی زمین می‌ریخت. صاحب باغ آمد و گفت ای مرد احمق! چرا این کار را می‌کنی؟ دزد گفت: چه اشکالی دارد؟ بنده خدا از باغ خدا خرمایی را بخورد و ببرد که خدا به او روزی کرده است. چرا بر سفرهٔ گستردهٔ نعمتهای خداوند حسادت می‌کنی؟

صاحب باغ به غلامش گفت: آهای غلام! آن طناب را بیاور تا جواب این مردک را بدهم. آنگاه دزد را گرفتند و محکم بر درخت بستند و با چوب بر ساق پا و پشت او می‌زد. دزد فریاد برآورد، از خدا شرم کن. چرا می‌زنی؟ مرا می‌کشی. صاحب باغ گفت: این بندهٔ خدا با چوب خدا در باغ خدا بر پشت بنده خدا می‌زند. من اراده‌ای ندارم کار، کار خداست. دزد که به جبر اعتقاد داشت گفت: من اعتقاد به جبر را ترک کردم تو راست می‌گویی ای مرد بزرگوار نزن. برجهان جبر حاکم نیست بلکه اختیار است اختیار است اختیار.

Garden of God, Hand of God, Rod of God

(Another Story in answer to the Necessitarian, confirming Man's power of choice and the validity of the commands and prohibitions, and showing that the Necessitarian's excuse is not accepted in any religious sect or in any religion and that it does not save him from being duly punished for the actions which he has committed, just as the Necessitarian Iblís was not saved by saying...)

A man was vigorously shaking a date palm tree in a garden, causing dates to fall to the ground. The owner of the garden came and said, "O foolish man! Why are you doing this?" The thief replied, "What's the harm? A servant of God takes some dates from God's garden, which God has provided as sustenance. Why be envious of God's bountiful spread?".

The owner said to his servant, "Hey servant! Bring that rope so I can respond to this man. " They then caught the thief, tied him tightly to the tree, and struck his legs and back with a stick. The thief cried out, "Have mercy for the sake of God. Why are you hitting me? You're killing me. " The owner replied, "This servant of God is hitting another servant of God with God's stick in God's garden. I have no will in this; it is God's doing. " The thief, who believed in predestination, said, "I renounce my belief in predestination. You are right, O honorable man, don't hit. The world is not governed by predestination, but by free will, free will, free will. "

روز با چراغ گرد شهر

راهبی چراغ به دست داشت و در روز روشن در کوچه ها و خیابانهای شهر دنبال چیزی می‌گشت. کسی از او پرسید: با این دقت و جدیت دنبال چه می‌گردی، چرا در روز روشن چراغ به دست گرفته‌ای؟ راهب گفت: دنبال آدم می‌گردم. مرد گفت این کوچه و بازار پر از آدم است. گفت: بله، ولی من دنبال کسی می‌گردم که از روح خدایی زنده باشد. انسانی که در هنگام خشم و حرص و شهوت، خود را آرام نگهدارد. من دنبال چنین آدمی می‌گردم. مرد گفت: دنبال چیزی می‌گردی که یافت نمی‌شود. " دیروز شیخ با چراغ در شهر می‌گشت و می‌گفت من از شیطان‌ها و حیوانات خسته شده‌ام آرزوی دیدن انسان دارم. به او گفتند: ما جسته‌ایم یافت نمی‌شود، گفت دنبال همان چیزی که پیدا نمی‌شود هستم و آرزوی همان را دارم.

❦

Searching for Humanity in the Light of Day

A monk was holding a lamp and searching for something in the bright daylight through the streets and alleys of the city. Someone asked him, "What are you looking for with such care and seriousness? Why are you holding a lamp in broad daylight?" The monk replied, "I am looking for a human being. " The man said, "This street and market are full of people. " The monk responded, "Yes, but I am looking for someone who is alive with the spirit of God. A person who can remain calm in the face of anger, greed, and desire. I am searching for such a person. " The man said, "You are looking for something that cannot be found. ""

Yesterday, the sheikh was wandering through the city with a lamp, saying, 'I am tired of devils and animals; I long to see a human being.' They told him, 'We have searched, and it cannot be found.' He replied, 'I am searching for precisely that which cannot be found, and it is that which desire.'"

پر زیبا دشمن طاووس

(قصهٔ آن حکیم که دید طاوسی را که پر زیبای خود را می کند به منقار می انداخت ...)

طاووسی در دشت پرهای خود را می‌کند و دور می‌ریخت. دانشمندی از آنجا می‌گذشت، از طاووس پرسید: چرا پرهای زیبایت را می‌کنی؟ چگونه دلت می‌آید که این لباس زیبا را بکنی و به میان خاک و گل بیندازی؟ پرهای تو از بس زیباست مردم برای نشانی در میان قرآن می‌گذارند. یا با آن باد بزن درست می‌کنند. چرا ناشکری می‌کنی؟

طاووس مدتی گریه کرد و سپس به آن دانشمند گفت: تو فریب رنگ و بوی ظاهر را می‌خوری. آیا نمی‌بینی که به خاطر همین بال و پر زیبا، چه رنجی می‌برم؟ هر روز صد بلا و درد از هرطرف به من می‌رسد. شکارچیان بی رحم برای من همه جا دام می‌گذارند. تیر اندازان برای بال و پر من به سوی من تیر می‌اندازند. من نمی‌توانم با آنها جنگ کنم پس بهتر است که خود را زشت و بد شکل کنم تا دست از من بر دارند و در کوه و دشت آزاد باشم. این زیبایی، وسیلهٔ غرور و تکبر است. خودپسندی و غرور بلاهای بسیار می‌آورد. پر زیبا دشمن من است. زیبایان نمی‌توانند خود را بپوشانند. زیبایی نور است و پنهان نمی‌ماند. من نمی‌توانم زیبایی خود را پنهان کنم، بهتر است آن را از خود دور کنم.

The Beautiful Enemy of the Peacock

(Story of the Sage who saw a peacock tearing out his handsome feathers with his beak and dropping them and making himself bald and ugly. In astonishment he asked," Have you no feeling of regret?" "I have," said the peacock," but life is dearer to me than feathers, and these are the enemy of my life).

In a meadow, a peacock was plucking its feathers and scattering them around. A scholar passing by asked, "Why are you plucking your beautiful feathers? How can you bear to remove such a beautiful garment and throw it into the mud and dirt? Your feathers are so beautiful that people place them in the Quran for markers or use them to make fans. Why are you being ungrateful?".

The peacock cried for a while and then said to the scholar, "You are deceived by the appearance of color and scent. Don't you see the suffering I endure because of these beautiful wings and feathers? Every day, I face a hundred miseries and pains from all sides. Merciless hunters set traps for me everywhere. Archers shoot at me for my wings and feathers. I cannot fight them, so it's better for me to make myself ugly and deformed so that they leave me alone and I can be free in the mountains and fields. This beauty is a means of pride and arrogance. Self-admiration and pride bring many disasters. Beautiful feathers are my enemy. Beauties cannot hide themselves. Beauty is light and cannot be hidden. I cannot hide my beauty, so it's better to remove it from myself. "

گوشت و گربه

(حکایت آن زن که گفت شوهر را که گوشت را گربه خورد)

مردی زن فریبکار و حیله‌گری داشت. مرد هرچه می‌خرید و به خانه می‌آورد، زن آن را می‌خورد یا خراب می‌کرد. مرد کاری نمی‌توانست بکند. روزی مهمان داشتند مرد دو کیلو گوشت خرید و به خانه آورد. زن پنهانی گوشتها را کباب کرد و با شراب خورد. مهمانان آمدند. مرد به زن گفت: گوشتها را کباب کن و برای مهمانها بیاور. زن گفت: گربه خورد، گوشتی نیست. برو دوباره بخر.

مرد به نوکرش گفت: آهای غلام! برو ترازو را بیاور تا گربه را وزن کنم و ببینم وزنش چقدر است. گربه را کشید، دو کیلو بود. مرد به زن گفت: خانم محترم! گوشتها دو کیلو بود گربه هم دو کیلو است. اگر این گربه است پس گوشت ها کو؟ اگر این گوشت است، پس گربه کجاست؟

Meat and the Cat

(Story of the woman who told her husband that the cat had eaten the meat, the husband put the cat in the balance).

A man had a deceitful and cunning wife. Whatever he bought and brought home, the wife. Would either eat it or spoil it. The man could do nothing about it. One day, they had guests The man bought two kilos of meat and brought it home. The wife secretly grilled the meat and ate it with wine. When the guests arrived, the man told his wife, "Grill the meat and bring it for the guests. " The wife said, "The cat ate it, there is no meat left. Go buy some more. "

The man told his servant, "Hey, servant! Bring the scale so I can weigh the cat and see how much it weighs. " They weighed the cat, and it was two kilos. The man said to his wife, "Dear wife! The meat was two kilos, and the cat is also two kilos. If this is the cat, then where is the meat? And if this is the meat, then where is the cat?".

گاو بی اعتماد

(حکایت آن گاو که تنها در جزیره ای است بزرگ، حق تعالی آن جزیره ی بزرگ پر کند از نبات و ریاحین که علف گاو باشد تا بشب آن گاو همه را بخورد و فربه شود چون کوه پاره ای، چون شب شود خوابش نبرد از غصه و خوف که همه صحرا را چریدم فردا چه خورم تا...)

جزیرهٔ سرسبز و پر علفی بود که در آن گاوی خوش خوراک زندگی می‌کرد. هر روز از صبح تا شب علف صحرا را می‌خورد و چاق و فربه می‌شد. هنگام شب که به استراحت مشغول بود یکسره در غم فردابود. آیا فردا چیزی برای خوردن پیدا خواهم کرد؟ او از این غصه تا صبح رنج می‌برد و نمی‌خوابید و مثل موی لاغر و باریک می‌شد. صبح صحرا سبز و خُرّم است. علفها بلند شده و تا کمر گاو می‌رسند. دوباره گاو با اشتها به چریدن مشغول می‌شدو تا شب می‌چرید و چاق و فربه می‌شد. باز شبانگاه از ترس اینکه فردا علف برای خوردن پیدا می‌کند یا نه؟ لاغر و باریک می‌شد.

سالیان سال است که کار گاو همین است اما او هیچ وقت با خود فکر نکرده که من سالهاست از این علف‌زار می‌خورم و علف همیشه هست و تمام نمی‌شود، پس چرا باید غمناک باشم؟

The distrust cow

(Plants and sweet herbs which are cows' fodder, and the cow feeds on all that till nightfall and grows fatas Story of the cow that is alone in a great island. God most High fills the great island with a mountain-crag. When night comes, she cannot sleep for anxiety and fear)

There was a lush and grassy island where a gourmet cow lived. Every day, from morning till night, it grazed on the field's grass, growing fat and plump. However, at night, when it was time to rest, it was constantly worried about the future. "Will I find something to eat tomorrow?" This worry made it suffer all night, unable to sleep, becoming as thin as a strand of hair. In the morning, the field was green and cheerful, with grass growing up to the cow's waist. The cow would start grazing eagerly again, getting fat and plump by evening. But once again, at night, it would become thin and narrow, fearing whether it would find grass to eat the next day.

This has been the cow's routine for years, but it never occurred to it that it had been eating from this pasture for years, and the grass has always been there and never runs out. So, why should it be sad? Interpretation of the story: The cow symbolizes the human soul's excessive desire, and the field represents this world. Human beings are restless, uneasy, and fearful.

خواجهٔ بخشنده و غلام وفادار

(حکایت آن درویش که در هری غلامان آراسته ی عمید خراسان را دید و بر اسبان تازی و قباهای زربفت. . .)

درویشی که بسیار فقیر بود و در زمستان لباس و غذا نداشت. هر روز در شهر هرات غلامان حاکم شهر را می‌دید که جامه‌های زیبا و گران قیمت بر تن دارند و کمربندهای ابریشمین بر کمر می‌بندند. روزی با جسارت رو به آسمان کرد و گفت خدایا! بنده نوازی را از رئیس بخشندهٔ شهر ما یاد بگیر. ما هم بندهٔ تو هستیم.

زمان گذشت و روزی شاه خواجه را دستگیر کرد و دست و پایش را بست. می‌خواست بیند طلاها را چه کرده است؟ هرچه از غلامان می‌پرسید آنها چیزی نمی‌گفتند. یک ماه غلامان را شکنجه کرد و می‌گفت بگویید خزانهٔ طلا و پول حاکم کجاست؟ اگر نگویید گلویتان را می‌برم و زبانتان را از گلویتان بیرون می‌کشم. اما غلامان شب و روز شکنجه را تحمل می‌کردند و هیچ نمی‌گفتند. شاه آنها را پاره پاره کرد ولی هیچ یک لب به سخن باز نکردند و راز خواجه را فاش نکردند.

شبی درویش در خواب صدایی شنید که می‌گفت: ای مرد! بندگی و اطاعت را از این غلامان یاد بگیر.

The Generous Master and the Loyal Servant

(Story of the dervish who saw at Herat the well-equipped slaves of the Amid of Khurasan, mounted on Arab horses and wearing gold-embroidered coats, richly ornamented caps, etc. He asked, 'what princes and what kings are these?' On being told that they were not princes,but the slaves of the Amid of Khurasan, he turned his face to

Heaven, crying, 'O God learn from the Amid how to take care of slaves!' There the State-accountant is called Amid)

A dervish, who was very poor and lacked clothing and food during the winter, would see the city governor's servants every day in Herat. They wore beautiful and expensive clothes and tied silk belts around their waists. One day, boldly facing the sky, he said, "God, learn to show mercy to your servants from our city's forgiving governor. We too are your servants. "

Time passed, and one day the Shah arrested Khwaja and bound his hands and feet. He wanted to know what had been done with the gold. No matter how much he questioned the servants, they said nothing. For a month, he tortured the servants, threatening, "Tell me where the governor's treasury of gold and money is! If you don't, I will cut your throat and pull out your tongues. " However, the servants endured the torture day and night and remained silent. The Shah tore them apart, but none spoke a word or revealed Khwaja's secret.

One night, the dervish heard a voice in his dream saying, "Man, learn servitude and obedience from these servants. "

عاشق گردو باز

در روزگاران پیش عاشقی بود که به وفاداری در عشق مشهور بود. مدتها در آرزوی رسیدن به یار گذرانده بود تا اینکه روزی معشوق به او گفت: امشب برایت لوبیا پخته‌ام. آهسته بیا و در فلان اتاق منتظرم بنشین تا بیایم.

عاشق خدا را سپاس گفت و به شکر این خبر خوش به فقیران نان و غذا داد. هنگام شب به آن حجره رفت و به امید آمدن یار نشست. شب از نیمه گذشت و معشوق آمد. دید که جوان خوابش برده. مقداری از آستین جوان را پاره کرد به این معنی که من به قولم وفا کردم. و چند گردو در جیب او گذاشت به این معنی که تو هنوز کودک هستی، عاشقی برای تو زود است، هنوز باید گردو بازی کنی. آنگاه یار رفت.

سحرگاه که عاشق از خواب بیدار شد، دید آستینش پاره است و داخل جیبش چند گردو پیدا کرد. با خود گفت: یار ما یکپارچه صداقت و وفاداری است، هر بلایی که بر سر ما می‌آید از خود ماست.

۞

The lover and walnuts

(Story of the lover who, in hope of the tryst promised by his beloved, came at night to the house that he had indicated. He waited part of the night; he was overcome by sleep. His beloved came to fulfill his promise and found him asleep, he filled his lap with walnuts and left him sleeping and returned).

In times past, there was a lover renowned for his loyalty in love. He had longed for his beloved for a long time until one day the beloved told him: "Tonight, I have cooked beans for you. Come quietly and wait for me in a certain room until I arrive."

The lover thanked God and, in gratitude for this good news, gave bread and food to the poor. At night, he went to that room and sat waiting for his beloved. The night passed halfway, and the beloved arrived. Seeing that the young man had fallen asleep, she tore a piece of his sleeve, meaning that she had kept her promise. She also put some walnuts in his pocket, signifying that he was still a child, that it was too early for him to be in love, and that he still needed to play with walnuts. Then the beloved left.

In the early morning, when the lover woke up, he saw that his sleeve was torn and found several walnuts in his pocket. He said to himself: "Our beloved is the epitome of honesty and loyalty; whatever misfortune befalls us is our own doing."

خیاط دزد

(دعوی کردن ترك و گرو بستن او که درزی از من چیزی نتواند بردن)

قصه‌گویی در شب، نیرنگهای خیاطان را نقل می‌کرد که چگونه از پارچه‌های مردم می‌دزدند. عدهٔ زیادی دور او جمع شده بودند و با جان و دل گوش می‌دادند. نقال از پارچه دزدی بیرحمانهٔ خیاطان می‌گفت.

در این زمان ترکی از سرزمین مغولستان از این سخنان به شدت عصبانی شد و به نقال گفت: ای قصه‌گو در شهر شما کدام خیاط در حیله‌گری از همه ماهرتر است؟ نقال گفت: در شهر ما خیاطی است به نام "پورشش" که در پارچه دزدی زبانزد همه است. ترک گفت: ولی او نمی‌تواند از من پارچه بدزدد. مردم گفتند: ماهرتر و زیرکتر از تو هم فریب او را خورده‌اند. خیلی به عقل خودت مغرور نباش. ترک گفت: نمی‌تواند کلاه سر من بگذارد. حاضران گفتند می‌تواند. ترک گفت: سر اسب عربی خودم شرط می‌بندم که اگر خیاط بتواند از پارچهٔ من بدزدد من این اسب را به شما می‌دهم ولی اگر نتواند من از شما یک اسب می‌گیرم.

ترک آن شب تا صبح از فکر و خیال خیاط دزد خوابش نبرد. فردا صبح زود پارچهٔ اطلسی برداشت و به دکان خیاط رفت. با گرمی سلام کرد و استاد خیاط با خوشرویی احوال او را پرسید و چنان با محبت برخورد کرد که دل ترک را به دست آورد. وقتی ترک بلبل‌زبانی خیاط را دید پارچهٔ اطلس استانبولی را پیش خیاط گذاشت و گفت از این پارچه برای من یک لباس جنگ بدوز، بالایش تنگ و پایینش گشاد باشد. خیاط گفت: به روی چشم! صدبار ترا با جان و دل خدمت می‌کنم. آنگاه پارچه را اندازه گرفت، در ضمن کار داستانهایی از امیران و از بخشش‌های آنان می‌گفت. و با مهارت پارچه را قیچی می‌زد.

ترک از شنیدن داستانها خنده‌اش گرفت و چشم ریز بادامی او از خنده بسته می‌شد. خیاط پاره‌ای از پارچه را دزدید و زیر رانش پنهان کرد. ترک از لذت افسانه، ادعای خود را فراموش کرده بود. از خیاط خواست که باز هم لطیفه بگوید. خیاط حیله‌گر

لطیفهٔ دیگری گفت و ترک از شدت خنده روی زمین افتاد. خیاط تکهٔ دیگری از پارچه را برید و لای شلوارش پنهان کرد. ترک برای بار سوم از خیاط خواست که بازهم لطیفه بگوید. باز خیاط لطیفهٔ خنده دارتری گفت و ترک را کاملاً شکارخود کرد و باز از پارچه برید.

بار چهارم ترک تقاضای لطیفه کرد خیاط گفت: بیچاره بس است، اگر یک لطیفه دیگر برایت بگویم قبایت خیلی تنگ می‌شود. بیشتر از این بر خود ستم مکن. اگر اندکی از کار من خبر داشتی به جای خنده، گریه می‌کردی. هم پارچه‌ات را از دست دادی هم اسبت را در شرط باختی.

The Tailor thief

(How the Turk boasted and wagered that the tailor would not be able to steal anything from him).

In the evenings, a storyteller was recounting the tricks of tailors, how they steal from people's fabric. A large crowd had gathered around him, listening intently. The storyteller spoke of the ruthless fabric theft by tailors.

At this time, a Turk from the land of Mongolia became very angry at these words and said to the storyteller: "Oh storyteller, in your city, which tailor is the most skilled in trickery?" The storyteller replied: "In our city, there is a tailor named 'Purshesh' who is famous for fabric theft. " The Turk said: "But he cannot steal fabric from me. " The people said: "Those more skilled and cunning than you have also been deceived by him. Don't be too proud of your intelligence. " The Turk said: "He cannot trick me. " The audience said he could. The Turk said: "I bet my Arabian horse that if the tailor can steal from my fabric, I will give you this horse, but if he can't, I will take a horse from you."

The Turk couldn't sleep that night for thinking about the tailor thief. The next morning, he took a piece of silk fabric and went to the tailor's shop. He greeted warmly, and the master tailor asked about his well-being with a smile and treated him so kindly that he won the Turk's heart. When the Turk saw the tailor's eloquence, he laid the Istanbul silk fabric in front of the tailor and said, "Make me a battle dress from this fabric, tight at the top and wide at the bottom. " The tailor said: "As you wish! I will serve you with all my heart a hundred times. " Then he measured the fabric, and while working, he told stories of princes and their generosity. He cut the fabric skillfully.

The Turk laughed so hard at the stories that his almond-shaped eyes closed. The tailor stole a piece of the fabric and hid it under his thigh. The Turk, enjoying the tale, had forgotten his claim. He asked the tailor to tell another joke. The cunning tailor told another joke, and the Turk fell to the ground laughing. The tailor cut another piece of the fabric and hid it in his pants. For the third time, the Turk asked the tailor for another joke. Again, the tailor told an even funnier joke, completely ensnaring the Turk, and cut more from the fabric.

The fourth time the Turk asked for a joke, the tailor said: "Poor thing, enough is enough. If I tell you another joke, your coat will be too tight. Don't be so hard on yourself. If you knew a little about my work, instead of laughing, you would be crying. You've lost both your fabric and your horse in the bet."

خواب حلوا

(حکایت آن سه مسافر مسلمان و ترسا و جهود که به منزل قوتی یافتند و ترسا و جهود سیر بودندگفتند این قوت را فردا خوریم مسلمان صایم بود گرسنه ماند از آن که مغلوب بود)

روزی یک یهودی با یک نفر مسیحی و یک مسلمان همسفر شدند. در راه به کاروانسرایی رسیدند و شب را در آنجا ماندند. مردی برای ایشان مقداری نان گرم و حلوا آورد. یهودی و مسیحی آن شب غذا زیاد خورده بودند ولی مسلمان گرسنه بود. آن دو گفتند ما سیر هستیم. امشب صبر می‌کنیم، غذا را فردا می‌خوریم.

مسلمان گفت: غذا را امشب بخوریم و صبر باشد برای فردا. مسیحی و یهودی گفتند هدف تو از این فلسفه بافی این است که چون ما سیریم تو این غذا را تنها بخوری. مسلمان گفت: پس بیایید تا آن را تقسیم کنیم هرکس سهم خود را بخورد یا نگهدارد. آن دو گفتند این ملک خداست و ما نباید ملک خدا را تقسیم کنیم. مسلمان قبول کرد که شب را صبر کنند و فردا صبح حلوا را بخورند.

فردا که از خواب بیدار شدند گفتند هر کدام خوابی که دیشب دیده بگوید. هرکس خوابش از همه بهتر باشد. این حلوا را بخورد زیرا او از همه برتر است و جان او از همهٔ جانها کاملتر است. یهودی گفت: من در خواب دیدم که حضرت موسی در راه به طرف من آمد و مرا با خود به کوه طور برد. بعد من و موسی و کوه طور تبدیل به نور شدیم. از این نور، نوری دیگر رویید و ما هر سه در آن تابش ناپدید شدیم. بعد دیدم که کوه سه پاره شد یک پاره به دریا رفت و تمام دریا را شیرین کرد یک پاره به زمین فرو رفت و چشمه‌ای جوشید که همهٔ دردهای بیماران را درمان می‌کند. پارهٔ سوم در کنار کعبه افتاد و به کوه مقدس مسلمانان (عرفات) تبدیل شد. من به هوش آمدم کوه برجا بود ولی زیر پای موسی مانند یخ آب می‌شد. مسیحی گفت: من خواب دیدم که عیسی آمد و مرا به آسمان چهارم به خانهٔ خورشید برد. چیزهای شگفتی دیدم که در هیچ جای جهان مانند ندارد. من از یهودی برترم چون خواب من در آسمان اتفاق افتاد و خواب او در زمین.

مسلمان گفت: اما ای دوستان پیامبر من آمد و گفت برخیز که همراه یهودی‌ات با موسی به کوه طور رفته و مسیحی هم با عیسی به آسمان چهارم. آن دو مرد با فضیلت به مقام عالی رسیدند ولی تو ساده دل و کودن در اینجا مانده‌ای. برخیز و حلوا را بخور. من هم ناچار دستور پیامبرم را اطاعت کردم و حلوا را خوردم. آیا شما از امر پیامبر خود سرکشی می‌کنید؟ آنها گفتند نه در واقع خواب حقیقی را تو دیده ای نه ما.

۞

The Dream of Halva

(Story of the three travelers a Moslem, a Christian, and a Jew— who obtained some food at ahostelry. The Christian and the Jew had already eaten their fill, so they said, "Let us eat this food to-morrow. " The Moslem was fasting, and he remained hungry because he was overpowered).

One day, a Jew, a Christian, and a Muslim traveled together. On their way, they reached a caravanserai and stayed there for the night. A man brought them some warm bread and halva. The Jew and the Christian had eaten a lot that night, but the Muslim was hungry. The two said, "We are full. Let's wait and eat the food tomorrow. " The Muslim said, "Let's eat the food tonight and save the waiting for tomorrow. " The Christian and the Jew said, "Your aim with this philosophy is to eat this food alone because we are full."

The Muslim said, "Then let's divide it, and each can eat or save his share. " The two said, "This is God's property, and we should not divide God's property. "The Muslim agreed to wait and eat the halva the next morning.

When they woke up the next day, they said, "Each of us should tell the dream he saw last night. Whoever's dream is the best will eat this halva because he is the superior one, and his soul is more perfect than all souls. "The Jew said, "I dreamed that Prophet Moses came my way and took me to Mount Sinai. Then Moses, Mount Sinai, and I turned into light. From this light, another light sprouted, and we all disappeared in its glow. Then I saw the mountain split into three parts: one part went to the sea and sweetened all the sea, one part sank into the earth and a spring gushed out that heals all the diseases of the sick, and the third part fell next to the Kaaba and turned into the holy mountain of Muslims (Mount Arafat). When I woke up, the mountain was still there, but under Moses's feet, it was melting like ice. "The Christian said, "I dreamed that Jesus came and took me to the fourth heaven, to the house of the sun. I saw amazing things that have no equal anywhere in the world. I am superior to the Jew because my dream took place in heaven, and his on earth. "

The Muslim said, "But, my friends, my prophet came and said, 'Arise, for your Jewish companion has gone with Moses to Mount Sinai, and the Christian has gone with Jesus to the fourth heaven. Those two virtuous men have reached a high status, but you, simple-hearted and foolish, have stayed here. Arise and eat the halva. ' So, I had to obey my prophet's command and ate the halva. Do you rebel against your prophet's command?" They said, "No, in fact, you saw the true dream, not us."

گاو و قوچ و شتر

(حکایت اشتر و گاو و قچ که در راه بند گیاه یافتند هر یکی می گفت من خورم)

شتری با گاوی و قوچی در راهی می‌رفتند. یک دسته علف شیرین و خوشمزه پیش راه آنها پیدا شد. قوچ گفت: این علف خیلی ناچیز است. اگر آن را بین خود قسمت کنیم هیچ کدام سیر نمی‌شویم. بهتر است که توافق کنیم هرکس که عمر بیشتری دارد او علف را بخورد. زیرا احترام بزرگان واجب است. حالا هرکدام تاریخ زندگی خود را می‌گوییم هرکس بزرگتر باشد علف را بخورد.

اول قوچ شروع کرد و گفت: من با قوچی که حضرت ابراهیم بجای حضرت اسماعیل در مکه قربانی کرد در یک چراگاه بودم. گاو گفت: اما من از تو پیرترم، چون من جفت گاوی هستم که حضرت آدم زمین را با آنها شخم می‌زد.

شتر که به دروغهای شاخدار این دو دوست خود گوش می‌داد، بدون سر و صدا سرش را پایین آورد و دستهٔ علف را به دندان گرفت و سرش را بالا برد و در هوا شروع کرد به خوردن. دوستانش اعتراض کردند. او پس از اینکه علف را خورد گفت: من نیازی به گفتن تاریخ زندگی خود ندارم. از پیکر بزرگ و این گردن دراز من چرا نمی‌فهمید که من از شما بزرگترم. هر خردمندی این را می‌فهمد. اگر شما خردمند باشید نیازی به ارائهٔ اسناد و مدارک تاریخی نیست.

The Camel, the Cow, and the Ram

(Story of the camel and the ox and the ram who found a bunch of grass on the road,(and each said, "I will eat it. ")

A camel, a cow, and a ram were traveling on a path. They found a bunch of sweet and tasty grass along the way. The ram said, "This grass is very insignificant. If we divide it among ourselves, none of us will be satisfied. It is better that we agree that whoever has the longest life should eat the grass because respecting the elders is obligatory. Now, each of us will tell the history of our lives, and whoever is older will eat the grass. "

The ram started first and said, "I was in a pasture with a ram that Prophet Abraham sacrificed in Mecca instead of Prophet Ishmael. " The cow said, "But I am older than you because I am the mate of the cow that Prophet Adam used to plow the earth with. "

The camel, who was listening to the tall tales of his two friends, quietly lowered his head, grabbed the bunch of grass with his teeth, raised his head, and started eating in the air. His friends protested. After he had eaten the grass, he said, "I don't need to tell the history of my life. Why don't you understand from my large body and this long neck that I am older than you? Any wise person would understand this. If you were wise, there would be no need to present historical documents. "

گرفتن خرها

(حکایت آن شخص که از ترس خویشتن را در خانه ای انداخت، رخها زرد چون زعفران، لبها کبود چون نیل، دست لرزان چون برگ درخت، خداوند خانه پرسید که خیر است چه واقعه است، گفت. . .)

مردی با ترس و رنگ و رویِ پریده به خانه‌ای پناه برد. صاحبخانه گفت: برادر از چه می‌ترسی؟ چرا فرار می‌کنی؟ مردِ فراری جواب داد: مأموران بی‌رحم حکومت، خرهای مردم را به زور می‌گیرند و می‌برند.

صاحبخانه گفت: خرها را می‌گیرند ولی تو چرا فرار می‌کنی؟ تو که خر نیستی؟ مردِ فراری گفت: مأموران احمق‌اند و چنان با جدیت خر می‌گیرند که ممکن است مرا به جای خر بگیرند و ببرند.

Arresting donkeys

(Story of the person who rushed into a house in terror, with cheeks yellow as saffron, lips blue as indigo, and hands trembling like the leaves of a tree. The master of the house asked, "Is all well? What is the matter?"...)

A man, terrified and pale, sought refuge in a house. The homeowner asked, "Brother, what are you afraid of? Why are you running away?" The fleeing man replied, "The merciless officers of the government are forcefully taking people's donkeys away."

The homeowner said, "They are taking the donkeys, but why are you running away? You're not a donkey, are you?" The fleeing man said, "The officers are fools, and they are so earnest in catching donkeys that they might mistake me for one and take me away."

صیاد و گیاه

حکایت آن صیاد که خویشتن در گیاه پیچیده بود و. . .

پرنده‌ای گرسنه به مرغزاری رسید. دید مقداری دانه بر زمین ریخته و دامی پهن شده و صیادی کنار دام نشسته است. صیاد برای اینکه پرندگان را فریب دهد خود را با شاخ و برگ درختها پوشیده بود. پرنده چرخی زد و آمد کنار دام نشست. از صیاد پرسید: ای سبزپوش! تو کیستی که در میان این صحرا تنها نشسته‌ای؟

صیاد گفت: من مردی راهب هستم از مردم بریده‌ام و از برگ و ساقهٔ گیاهان غذا می‌خورم. پرنده گفت: در اسلام رهبانیت و جدایی از جامعه حرام است. چگونه تو رهبانیت و دوری از جامعه را انتخاب کرده‌ای؟ از رهبانیت به در آی و با مردم زندگی کن.

صیاد گفت: این سخن تو حکم مطلق نیست؟ زیرا اِنزوایِ از مردم هرچه بد باشد از همنشینی با بدان بدتر نیست. سنگ و کلوخ بیابان تنهایند ولی به کسی زیانی نمی‌رسانند و فریب هم نمی‌خورند. مردم یکدیگر را فریب می‌دهند.

پرنده گفت: تو اشتباه فکر می‌کنی؟ اگر با مردم زندگی کنی و بتوانی خود را از بدی حفظ کنی کار مهمی کرده‌ای و گرنه تنها در بیابان خوب بودن و پاک ماندن کار سختی نیست.

صیاد گفت: بله، اما چه کسی می‌تواند بر بدیهای جامعه پیروز شود و فریب نخورد؟ برای اینکه پاک بمانی باید دوست و راهنمای خوبی داشته باشی. آیا در این زمان چنین کسی پیدا می‌شود؟

پرنده گفت: باید قلبت پاک و درست باشد. راهنما لازم نیست. اگر تو درست و صادق باشی، مردم درست و صادق تو را پیدا می‌کنند. بحث صیاد و پرنده بالا گرفت و پرنده چون خیلی گرسنه بود یکسره به دانه‌ها نگاه می‌کرد. از صیاد پرسید: این

دانه‌ها از توست؟ صیاد گفت: نه، از یک کودک یتیم است. آنها را به من سپرده تا نگهداری کنم. حتماً می‌دانی که خوردن مال یتیم در اسلام حرام است.

پرنده، چون از گرسنگی طاقتش طاق شده بود گفت: من از گرسنگی دارم می‌میرم و در حال ناچاری و اضطرار، شریعت اجازه می‌دهد که به اندازهٔ رفع گرسنگی از این دانه‌ها بخورم. صیاد گفت: اگر بخوری باید پول آن را بدهی. صیاد پرنده را فریب داد و پرنده که از گرسنگی صبر و قرار نداشت، قبول کرد که بخورد و پول دانه‌ها را بدهد. همینکه نزدیک دانه‌ها آمد در دام افتاد و آه و ناله‌اش بلند شد.

The bird catcher and grass

Story of the bird catcher who had wrapped himself in grass and...

A hungry bird reached a meadow and saw some seeds scattered on the ground and a trap spread out, with a hunter sitting beside it. The hunter, to deceive the birds, had covered himself with branches and leaves. The bird circled around and came to sit near the trap. It asked the hunter, "Oh, green-clad one! Who are you, sitting alone in this field?".

The hunter replied, "I am a hermit, detached from people, and I eat from the plants' leaves and stalks. " The bird said, "In Islam, monasticism and separation from society are forbidden. How have you chosen monasticism and isolation? Come out of monasticism and live with people. "

The hunter said, "Your statement is not absolute. As much as isolation from people might be bad, it's worse to associate with the wicked. Rocks and clods of the desert are alone but harm no one and are not deceived. People deceive each other. "

The bird said, "You're thinking wrong. If you live with people and can protect yourself from evil, you've done something important. Otherwise, being good and pure alone in the desert is not difficult. "

The hunter said, "Yes, but who can overcome the evils of society and not be deceived? To remain pure, you must have a good friend and guide. Can such a person be found in these times?"

The bird said, "Your heart must be pure and right. A guide is not necessary. If you are honest and truthful, honest and truthful people will find you. " The debate between the hunter and the bird intensified, and the bird, being very hungry, kept looking at the seeds. It asked the hunter, "Do these seeds belong to you?" The hunter said, "No, they belong to an orphan child. They have been entrusted to me for safekeeping. Surely you know that eating an orphan's property is forbidden in Islam. "

The bird, exhausted from hunger, said, "I am dying of hunger, and in a state of necessity and distress, the Sharia allows me to eat enough of these seeds to relieve my hunger. " The hunter said, "If you eat, you must pay for it. " The hunter deceived the bird, and the bird, having no patience left due to hunger, agreed to eat and pay for the seeds. As soon as it approached the seeds, it fell into the trap and its cries of lamentation rose.

زندگی‌نامه مولوی

جلال الدین محمد بن بهاءالدین بلخی، معروف به مولوی و ملای رومی، صاحب "مثنوی معنوی" و از بزرگترین عارفان و شاعران ایرانی به شمار می رود.
مولوی در ششم ربیع الاول سال ۶۰۴ هـ. ق(۱۲۰۴ میلادی) در شهر بلخ به دنیا آمد؛ و علت شهرت او به "رومی" و "مولانای روم" طول اقامت وی در شهر قونیه که اقامتگاه اکثر عمر و مدفن اوست، می باشد. لیکن وی همواره خویش را از مردم خراسان شمرده و اهل شهر خود را دوست می داشت. پدر مولانا معروف به "بهاءالدین ولد" و ملقب به "سلطان العلماء" از افاضل روزگار و علامه زمان بود و مشهور است که مادر بهاءالدین، از خاندان خوارزمشاهیان بوده است.
از آنجا که بهاءالدین ولد از بزرگان صوفیه به شمار می رفت و مردم به واسطه عظمت مقام او، به او اقبال فراوانی داشتند سلطان محمد خوارزمشاه - حاکم وقت - از این مسئله نگران بود و همین امر سبب شد که بهاءالدین به ناچار تصمیم به هجرت از وطن خود گرفت.
مشهور است که پس از حرکت وی از بلخ، هنگامی که به نیشابور رسید، میان او و شیخ فریدالدین عطار نیشابوری، ملاقاتی اتفاق افتاد؛ در آن هنگام جلال الدین کوچک بود، اما شیخ عطار کتاب اسرارنامه خود را به او هدیه کرد و به بهاءالدین ولد گفت: "زود باشد که این پسر تو آتش در سوختگان عالم زند". پس از آن بهاءالدین به قصد حج، از راه بغداد به مکه رفت و سپس نه سال در ملطیه اقامت نمود. تا این که به دعوت سلطان علاءالدین کیقباد سلجوقی که عارف مشرب بود، به قونیه رفت و با خانواده خود در آنجا مقیم شد.
بهاءالدین در سال ۶۲۸ هجری قمری در قونیه رحلت کرد و جلال الدین که در آن زمان ۲۴ ساله بود به جای پدر نشست. در سال ۶۲۹ سید برهان الدین ترمذی - که از شاگردان بهاءالدین بود - به قونیه آمد و مولانا در خدمت او، چندین سال به ریاضت و مجاهده نفس مشغول شد و سپس به اجازه وی به ارشاد و دستگیری از مردم پرداخت.
تا این که در سال ۶۴۲ هـ. ق، شمس الدین تبریزی - که خود از عارفان والامقام بود - به قونیه آمد و طی ملاقاتی که بین او و مولانا اتفاق افتاد، شور و انقلابی عظیم در دل او به پا نمود. به طوری که مولانا از تدریس و وعظ و ارشاد دست برداشت و به شدت مرید شمس شد. اما مریدان مولانا که به دلیل این مسئله، نسبت به شمس دشمنی پیدا کرده بودند به آزار و اذیت وی مشغول شدند و شمس که از آزار و دشمنی آنان در رنج و سختی بود، قونیه را ترک کرد که البته پس از یکسال در ۶۴۴

هـ. ق با جستجو و اصرار فراوان مولانا به قونیه بازگشت، اما باز مریدان و این بار حتی خانواده و خویشان مولانا، بدگویی از شمس را آغاز کرده او را ساحر و مولانا را دیوانه نامیدند. به همین جهت در سال ۶۴۵ هـ. ق شمس به کلی غایب شد و مولانا دیگر هیچگاه نتوانست موفق به دیدار وی شود.

سرانجام مولانا بیمار شد و هر چه طبیبان برای مداوای او کوشش نمودند، سودی نداشت تا این که در روز پنجم جمادی الاول سال ۶۷۲ هـ. ق دار فانی را وداع گفت. اهل قونیه از کوچک و بزرگ و حتی مسیحی و یهودی در تشییع جنازه او شرکت کردند. شیخ صدرالدین قونوی (از بزرگترین شاگردان محی الدین عربی) بر جنازه مولانا نماز خواند و از شدت درد و بیخودی از هوش رفت. مولانا در نزدیکی قبر پدر خود سلطان العلماء، در قونیه به خاک سپرده شد.

آثار مولوی

اشعار وی به دو بخش تقسیم می شود: نخست، منظومه معروف است که از مشهورترین کتاب های زبان فارسی است و آن را "مثنوی معنوی" نامیده است. این کتاب که معتبرترین نسخه های آن شامل ۲۵۶۳۲ بیت است، به شش دفتر تقسیم شده و آن را بعضی "صیقل الارواح" نیز نامیده اند. دفاتر شش گانه آن هم به یک سیاق و مجموعه ای از افکار عرفانی و اخلاقی است که در ضمن آیات و احکام و امثال، حکایت های بسیار در آن آمده است و آن را به خواهش یکی از شاگردان خود معروف به حسام الدین چلبی (متوفی ۶۸۳ هـ. ق) به نظم درآورده است. از آنجا که مولانا بسیار مجذوب سنایی و عطار بوده، هنگامی که شور و وجدی داشته به وزن و سیاق منظومه های آنان، اشعاری را می سروده و حسام الدین آنها را می نوشته است. قسمت دوم اشعار او مجموعه بسیار قطوری است شامل نزدیک صدهزار بیت غزلیات و رباعیات، که در پایان اغلب غزلیات، نام "شمس الدین تبریزی" را برده و به همین جهت به "کلیات شمس تبریزی" یا "کلیات شمس" معروف است. البته گاهی نیز در غزلیات، "خاموش" و "خموش" نیز تخلص کرده است.

از دیگر آثار مولانا "مجموعه مکاتیب" او و "مجالس سبعه" شامل مواعظ اوست. همچنین پسر مولانا به نام "بهاءالدین احمد" و معروف به "سلطان ولد" که جانشین او نیز شد، مطالبی را که از پدر خود شنیده بود در کتابی گرد آورد و نام آن را "فیه ما فیه" نهاد.

پیشگفتار

در ادبیات فارسی، شاعری را نمی توان یافت که از حیث وسعت اطلاعات و اندیشه، شدت هیجان، غلیان احساسات، تنوع مضامین، درک عمیق از مسایل اجتماعی و وقوف بر روان آدمی و شناخت دردهای درون انسان، احاطه بر فلسفه و حکمت و بسیاری از مسایل دیگر با مولانا جلال الدین محمد بلخی همسری کند. مولانا به لطف اشعارش و اندیشه بلندش بیشتر از هفت صد سال است که در قلب خوانندگان شعر و عرفان زنده و جاودانه مانده است. مولانا در طی هفت قرن همچون خورشید درخشان درخشیده و اطراف و اکناف را منور کرده و صیت شهرتش از شرق تا غرب رسیده است.

امروز مولانا در نزد اکثریت غربیها یکی از بزرگترین معلمان معنوی جهان است و از همین جهت است که اشعار او را ترجمه میکنند و در باره شخصیت و افکار و آثارش کتابها و مقالات پژوهشی مینویسند. مولانا در جهان اسلام به همان اندازه محبوب، مشهور و یگانه است که «ویلیام شکسپیر» در جهان ادبیات انگلیسی. بی تردید هر خواننده غربی با خواندن سروده‌های وی شیفته حلاوت، عمق اندیشه سرشار از عرفان و معنویت مولانا می‌شود. در حقیقت اشعار مولانا نوعی افکار عرفانی، دینی و فلسفی است که با کشش و دلربایی خاصی، خواننده اش را به شور، وجد، هیجان و نشاط می‌آورد و به او فرصت اندیشیدن درباره زندگی و هستی را می‌دهد. اگر امروز جهان غرب تا بدین حد شیفته مولانا، سروده‌ها، افکار عرفانی و نگرش هستی شناسانه وی شده، به این خاطر است که نحوه بیان او به نحو شگفت انگیزی موشکافانه، منطق پذیر، سرشار از قریحه و آزاداندیشانه است.

قصه‌های مثنوی

به نثر

تالیف:
دکتر عباس صائب

با ترجمه انگلیسی

www.ingramcontent.com/pod-product-compliance
Lightning Source LLC
LaVergne TN
LVHW051505070426
835507LV00022B/2945
9781636209180